Big Body Play

Why Boisterous, Vigorous, and Very Physical Play Is Essential to Children's Development and Learning

幼儿园打闹游戏

促进儿童在全身运动中学习与发展

[美] 弗朗西斯·M. 卡尔森（Frances M. Carlson）/ 著

柳 倩 刘虹宇 段静瑞 等 / 译

中国轻工业出版社

图书在版编目（CIP）数据

幼儿园打闹游戏：促进儿童在全身运动中学习与发展／（美）弗朗西斯·M.卡尔森（Frances M. Carlson）著；柳倩等译. —北京：中国轻工业出版社，2023.10
ISBN 978-7-5184-4280-5

Ⅰ.①幼⋯ Ⅱ.①弗⋯ ②柳⋯ Ⅲ.①游戏课－教学研究－学前教育 Ⅳ.①G613.7

中国国家版本馆CIP数据核字（2023）第142153号

版权声明

Big Body Play: Why Boisterous, Vigorous, and Very Physical Play Is Essential to Children's Development and Learning. Copyright © 2011 by the National Association for the Education of Young Children. All rights reserved.

策划编辑：吴　红
责任编辑：吴　红　　　　　责任终审：张乃柬
责任校对：刘志颖　　　　　责任监印：吴维斌

出版发行：中国轻工业出版社（北京东长安街6号，邮编：100740）
印　　刷：中国电影出版社印刷厂
经　　销：各地新华书店
版　　次：2023年10月第1版第1次印刷
开　　本：710×1000　1/16　印张：8.75
字　　数：90千字
书　　号：ISBN 978-7-5184-4280-5　定价：48.00元

读者热线：010-65181109，65262933
发行电话：010-85119832　传真：010-85113293
网　　址：http://www.chlip.com.cn　http://www.wqedu.com
电子信箱：1012305542@qq.com
如发现图书残缺请拨打读者热线联系调换
221688Y1X101ZYW

译 者 序

"如何平衡安全和发展"是开展学前儿童运动时绕不开的话题。大家的烦恼和顾虑既有"过度聚焦于运动安全会不会导致内容缺失",也有"运动不当会不会有安全隐患",因为这两种情况在实践中都是存在的。一方面,幼儿园过度聚焦于安全问题会使运动课程存在内容缺失。当幼儿在幼儿园里出现因运动而受伤的情况时,家长往往不理解,幼儿园管理者往往也不愿意为此负责,此时教师就处于被动境地。这在一定程度上体现了幼儿园对教师保护制度的不完善,导致教师宁可不作为,也不愿幼儿因运动而出意外。另一方面,现实中也存在教师鼓励幼儿在运动中"过度"挑战自我,而没有认识到由此可能造成运动损伤等现象。

为了更好地"平衡安全和发展",我们更倾向于让幼儿参加温和的、合作形式的体育活动。这几年伴随着"解放儿童"的思潮兴起,幼儿自主游戏、自主运动的机会增加了,孩子们打打闹闹的活动出现的机会也多了起来。出现这类情况时,我们是不是更倾向于阻止孩子们打打闹闹呢?这些活动形式究竟有没有意义呢?如果有,我们可以怎样引导孩子们开展这类游戏活动呢?《幼儿园打闹游戏——促进儿童在全身运动中学习与发展》这本书,对孩子们打打闹闹的全身运动游戏进行了观察和思考,并对这些困惑做出了很好的解答。

一直以来,我是将学前儿童运动的价值定位于生存与发展,即为其在未来社会中生存与发展做好准备。原始人最初出现的运动,其意义在于快跑以逃避被狩猎或操控工具狩猎饱腹等,即在当时的环境中生存下去。现在孩子们的生活环境已经发生了巨大改变。随着健康水平的提升,现在人们的平均寿命可能会进一步提高。如何让幼儿在未来的环境中生存与发展，是当前包括运动在内的教育需要做出积极回应的。运动所承载的功能不再只是促进幼儿运动能力的发展，使其强身健体，还包括发展幼儿的合作能力、批判性思维能力、创造力、心理弹性等，从而为幼儿在未来社会中生存做好准备。

在翻译本书时，我惊喜于找到了共鸣者。在讨论幼儿园打闹游戏的价值时，作者认为其价值不仅在于促进孩子的生长发育，她还从促进孩子的感受与互动、交流及思考等能力，从而使其适应复杂的环境等方面剖析了打闹游戏的好处。其观点调整了打闹游戏的价值在于强身健体这一定位，扩大了全面发展的范畴，这与当前儿童生活环境的变化、运动承载的功能改变有着密切的关系。对此观点，我深以为然。

有运动就会有风险。关于运动风险，作者从生存能力的视角提出了一个观点：风险无处不在，我们的教育不是为儿童营造一个安全、无风险的环境，而是让儿童形成与风险共存的生存能力。与此同时，我们也需要遵循儿童的身心发展规律。作者从制定规章制度、创设有利于儿童探索的安全环境、教师的支持和监管等方面提出了开展幼儿园打闹游戏的策略，全面地看待风险的意义和面对风险的策略。这些观点都具有较强的实践意义。

全书篇幅不大，但作者始终站在一位学前教育工作者的立场，从困惑出发，在深入浅出、娓娓道来的过程中，呈现出了理解和支持儿童打闹游戏的分析框架和观察维度，既解答了自己的困惑，也给了读者专业的启发。

在此特别说明一下，本书中所有图片的使用权皆购买自壹图网。由于版权原因，我们未使用英文版中的图片。

本书译者为柳倩、刘虹宇和段静瑞。

柳倩

2023 年 5 月

于华东师范大学

致　　谢

撰写书稿是我所尝试过的除了抚养三个孩子以外最困难的工作,但幸运的是,一路上我并非孤军奋战。非常感谢在本书的写作过程中给我提供了诸多支持的人。

感谢我的家人,你们永远是我生命中最美好的部分。感谢查塔胡奇技术学院(Chattahoochee Technical College)和摩斯大学(Mercer University)的学生,以及我所主持的会议——特别是曼尼托巴儿童护理协会(Manitoba Child Care Association)年度会议——的与会者,感谢诸位热情地参与话题的讨论,也非常感谢各位能坦率地表达自己的观点和经历。我非常荣幸能与你们每一个人共事。

感谢查塔胡奇技术学院的同事们对儿童的热爱,我的诸多想法都得到了你们的反馈;感谢里克·波特(Rick Porter),在20多年前,你就让人们开始注意到这一类游戏;感谢玛西·史密斯(Marcy Smith)的支持;感谢布莱恩·尼尔森(Bryan Nelson),在温尼伯散步时你给我机会让我把每一章都讲一遍,因此这一切才有了意义;感谢Men-Teach-New England公司的工作人员,你们24小时不间断地给予我诸多帮助——谢谢大家……你们都是最棒的!

感谢诺玛·卢斯特尔(Norma Luster)和佐治亚州亚特兰大儿童中心(The Children Center at All Saints' in Atlanta)的幼儿教师、家长和孩子们,谢谢你们允许我观察和拍照;感谢丽贝卡·科赫(Rebecca Koch)、苏珊·霍利迪(Susan Holliday)、特蕾莎·奥利菲斯(Teresa Orefice)和佐治亚州玛丽埃塔生命大学儿童学校(A Kids Campus at Life University in Marietta, Georgia)的附属幼儿园Bright LIFE,谢谢你们让我有幸看到这里的户外自然景观，以及支持全身运动游戏的奇妙方式；感谢我的摄影、购物、茶点和咖啡伙伴娜塔莉·贝内特（Natalie Bennett）；尤其要感谢罗恩·布拉茨（Ron Blatz），是你让我认识到这个话题的重要性，并给予我巨大支持。感谢雅美·吉布森（Akimi Gibson）的远见，感谢布里·波拉克（Bry Pollack）对本书和我的坚定支持，感谢霍利·博哈特（Holly Bohart）在最后关键时刻的帮助。

作 者 简 介

弗朗西斯·卡尔森（Frances Carlson）在查塔胡奇技术学院的副学士学位课程中教授幼儿教育。卡尔森曾担任俄克拉何马州儿童护理项目中心主任，并曾为意大利陆军军部、军械所（Sheltering Arms）、国税局（Internal Revenue Service）、瓦乔维亚银行（Wachovia Bank）、特纳广播系统（Turner Broadcasting Systems）和查塔胡奇技术学院儿童发展实验室学校等单位工作。她已经成功主持了经全美幼教协会（National Association for the Education of Young Children，NAEYC）认证的四个儿童保育项目。

弗朗西斯拥有北佐治亚学院和州立大学（North Georgia College & State University）的英语学士学位，蒙特利要塞国防语言学院/外语中心（Defense Language Institute/Foreign Language Center）的意大利语证书，以及康考迪亚大学（Concordia University）的教育硕士学位。

弗朗西斯为全美幼教协会著有《必要的接触：满足幼儿的需求》（*Essential Touch: Meeting the Needs of Young Children*，2006），并导演和制作了DVD《期待男性参与：欧洲经委会招募和留住男性》（*Expect Male Involvement: Recruiting & Retaining Men in ECE*，2009）。在业余时间，弗朗西斯喜欢骑自行车、看电影，为家人和朋友做饭。

目　录

导　言 ·· 1
　　关于本书 ··· 3

第一章　"全身运动游戏"是什么？ ··· 5
　　一、全身运动游戏的类型 ··· 6
　　二、全身运动游戏的必要性 ·· 9
　　三、对全身运动游戏的疑惑和误解 ····································· 15
　　　　1. 担心打架 ··· 15
　　　　2. 担心打闹升级为打架 ··· 17
　　　　3. 担心情绪失控 ·· 18
　　　　4. 担心受伤 ··· 18
　　四、一种误解：将打闹游戏等同于攻击性行为 ····················· 19
　　　　1. 有攻击性和攻击性行为 ·· 20
　　　　2. 区分打闹游戏和打架行为 ······································· 23

第二章　游戏及全身运动游戏的好处 ·· 29
　　一、体育活动的类型和数量 ·· 30
　　二、进化与大脑发育 ··· 32
　　三、生长发育与运动 ··· 33
　　　　1. 婴儿期骨骼和肌肉发育 ·· 33
　　　　2. 身体健康 ··· 33
　　　　3. 学龄前及以后：探索大小、力量和控制 ···················· 35

四、感受与互动 ································· 36
    1．婴儿期和学步儿期的社会情绪发展 ················ 36
    2．学龄前及以后：自我约束与互惠 ················ 38
    3．学龄前及以后：自信 ························· 39

五、交流 ·· 41
    1．婴儿期不同的哭声和手势 ····················· 41
    2．学前期及以后：信号和非语言交流 ·············· 42
    3．学前期及以后：谈判、表达和其他语言技能 ······ 43

六、思考 ·· 45
    1．婴儿期的运动和探索 ························ 45
    2．学前期及以后：问题解决能力 ················· 45
    3．学前期及以后：空间能力 ···················· 47
    4．学龄前及以后：关注与成就 ··················· 50

第三章　开展全身运动游戏的策略 ··············· 55

一、管控风险 ··································· 56
    1．积极的风险 ································ 56
    2．风险和危害 ································ 58

二、制定安全有效的全身运动游戏制度 ············· 60
    1．监管制度 ·································· 60
    2．时间安排制度 ······························ 63
    3．教师发展和培训制度 ························ 64

三、创设环境 ··································· 66
    1．家具和设备 ································ 67
    2．安全覆盖物 ································ 70

四、支持全身运动游戏
1. 教师的积极性 ·· 76
2. 和儿童一起制定游戏规则 ·· 77
3. 鼓励儿童观察他人的感觉，认识自己的承受能力 ········ 79
4. 监督全身运动游戏，确保每个儿童从中获益 ················ 81

五、与家庭的沟通与合作
1. 加强家长对全身运动游戏的理解 ···································· 88
2. 为儿童在家里开展全身运动游戏提供支持 ···················· 89

关于全身运动游戏的常见问题 ·· 91

附 录 ·· 99
附录A 可以改编为全身运动游戏的传统手指游戏 ·········· 100
附录B 范例：全身运动游戏的制度 ···································· 106
    1. 适合0—3岁儿童的全身运动游戏 ································ 106
    2. 适合3—6岁儿童的全身运动游戏 ································ 107
附录C 关于打闹游戏的教师培训指南 ································ 109
附录D 范例：致家长的一封信 ·· 111
附录E 观察记录范例 ·· 113

参考文献 ·· 115

导　言

孩子们在游戏时通常会玩得很起劲，闹得很凶，看样子十分危险。像大多数成年人一样，我经常会感到困惑：为了不让孩子们受伤，是否应该阻止他们这种打闹游戏？还是应该支持他们，因为我小时候也是这么玩的？让我来告诉你，我是如何坚定地相信在有效的监督下，孩子们的全身运动游戏（big body play）可以而且应该是早期儿童生活中不可或缺的部分。

2008年，我参加了关于男幼儿教师的幼儿教育工作论坛，加拿大马尼托巴省温尼伯市儿童探索中心（Children's Discovery Centre）的执行主任罗恩·布拉茨谈到了不同性别幼儿教师对幼儿保育的理解，以及教师性别是如何影响幼儿保育的。他提到了一个故事，讲的是男幼儿教师如何监督操场上的游戏：孩子们轮流跳上木板的一端，借助跳跃的力量，弹起木板另一端的物品。整个游戏过程吵吵嚷嚷，充满冒险精神，而且有很多身体接触。罗恩主任评论说，在这次游戏中，教师和孩子们都会很有收获，但如果换作女教师，孩子们则永远不可能进行这样激烈的游戏。

我感到很生气！他怎么能说女教师过于关注安全问题，所以她们不支持孩子们进行喧闹的体育游戏呢？！

回到家后，我与丈夫分享罗恩讲述的故事，并且表达了我对这种偏见的不满，他立刻大笑起来。我很震惊并问道："你笑什么呢？"他回答我说："罗恩是对的！难道你忘了每当孩子们在蹦床上玩时，你都会说'快别玩了，会受伤的'？"

事实证明，他是对的。在撰写《必要的接触：满足幼儿的需求》这本书并进行调研时我发现，即使我认同这种打闹游戏的好处，也无法将这种观念融入实际行动中。我知道,对于孩子们来说打闹游戏是重要的,但是我不知道为什么所有孩子都喜欢这种游戏,也不知道应该如何支持这种游戏。我意识到罗恩刚刚给我上了非常重要的一课:如果没有充分理解打闹游戏的必要性及其风险的可控性,教师——尤其是女教师——为了保障幼儿的安全,很可能会首先制止这种游戏。

我相信来自实践的证据。因此,为了充分理解打闹游戏对幼儿的好处,我必须展开深入研究。我需要了解以往相关研究成果中对此类游戏价值的认识,了解幼儿在该游戏过程中的经历。我不得不花一些时间来反思这些常识,即孩子们需要冒险,而我们作为教师和监督者则需要保护他们。这就是我所做的。我阅读了这一领域的大量研究成果,并与全球几百名教师、朋友和孩子探索交流。

同样,我也用了一些时间回忆自己童年生活中最美好的片段。我记得,姐姐把我放在她的腿上上下晃动,带我在客厅里玩得不亦乐乎。我记得,我和哥哥轮流从狗窝上跳下来,还在床上来回蹦跳。我还记得,每个周

日下午，我的孩子们都在奶奶家的后院和堂兄弟们一起玩一个他们称之为"团队"的游戏。这个游戏很吵闹、很粗犷，并且有很多身体接触，但也是他们童年记忆中最珍贵的部分。

三年后，现在的我知道并理解孩子们的基本需要，他们需要通过身体活动来感知和了解自己的身体。我知道这种游戏为何有助于孩子们的全面发展，也知道教师、管理人员、培训人员、专家、政策制定者和家庭应该如何为孩子提供帮助并进行监督，以便孩子们能以最小的安全风险获得最佳的发展。

关 于 本 书

第一章介绍了什么是全身运动游戏，探讨了人们对其常见的误解，并解释了它与攻击性行为的区别。第二章展示了全身运动游戏如何影响幼儿身体各部分的健康发展。第三章分析了如何理解风险在儿童学习过程中的重要价值，以及如何规划环境、制定政策和加强监管，以期在保障安全的前提下更好地支持这类游戏。

众所周知，为了充分发挥幼儿的潜力，他们需要经历适当的风险和挑战。正确认识打闹游戏给幼儿带来的好处以及可能存在其中的风险，可以让我们更周全地计划和监督幼儿的此类游戏。如果你曾经关注过孩子们之间的互相打闹，那么这本书就是为你准备的。

第一章

"全身运动游戏"是什么？

> 孩子们喜欢打滚。无论我们走到哪里，无论是冬天还是夏天，他们似乎都能找到山坡并从上面滚下来。他们有时头朝下，有时侧着身子，有时独自一人，但更多的时候是成群结队。我有很多关于孩子们各式各样打滚的记忆，他们从雪堆或草地里快乐地滚来滚去。
>
> ——一位教师

滚动、奔跑、攀爬、追逐、推搡、碰撞、摔倒、翻滚、打闹、吵闹、嬉戏、打斗……这些只是成年人给孩子们生性喜爱的、喧闹的、大运动量的身体活动起的一些名字。这些都是全身运动游戏的形式，这种游戏让孩子们有机会在身体、认知、语言、社交和情感等各个领域获得最佳发展。

一、全身运动游戏的类型

从出生开始,孩子们就借助他们的身体进行学习。婴儿时期,他们会来回翻滚,踢腿,挥舞手臂。蹒跚学步时,他们互相拉着,紧紧拥抱,相互推搡。学龄期前后,这些重要的身体互动和学习方式变得更加吵闹、复杂和社会化。

人类并不是唯一一种以打闹的方式进行玩耍的动物:小狗会摔跤、互相拖拽、奔跑、扭打;小猫会打滚、追逐、猛扑。有趣的是,在所有被研究的动物(包含人类)中,雄性动物都比雌性动物更喜欢打闹(Pellegrini & Smith, 1998b; Power, 2000)。事实上,男孩总体上比女孩表现得更为活跃(Finn et al., 2002)。(参阅"男孩们的打闹游戏",见本书第48—50页)

孩子们以多种不同的方式参与全身运动游戏:有时独自一人,有时与他人一起;或是借助器材,或是互相玩闹,又或是规则明确、组织有序。例如,他们可能独自或与他人一起进行非常激烈的全身运动游戏,如四处奔跑、跳舞和旋转、在地板上打滚、蹦蹦跳跳等。

一位幼儿教师分享了孩子们玩耍的经历。

> 我们教室的阅读区有一个又大又舒适的双人沙发。孩子们最喜欢做的事情之一就是让我把他们扔到沙发上。他们笑着滚下来,然后回来让我再扔一次。一些孩子宁愿被扔5分钟,也不愿在教室里做其他事情。这对我和他们来说都很有趣,也让我想起了我为什么喜欢当幼儿教师!

有时,孩子们会使用器材进行全身运动游戏。滑梯和其他的游乐设施就是孩子们最喜欢的攀爬基地,他们可以爬上去,然后滑下来。孩子们会使用大型瑜伽球,在上面扭动身体。有时,他们骑着三轮车,故意撞到器材或栏杆上。他们会想方设法、另辟蹊径爬到滑梯的顶端,然后再滑下来。

多数情况下,对于年龄较大的孩子来说,"全身运动游戏"包括孩子之间(有时也是孩子和成人之间)在打闹或游戏中进行的身体接触。在打闹游戏中,我们看到他们互相摔跤、扭打、追逐、爬到对方身上。有时孩子们会互相抱着玩闹,或是滚下山坡,或是穿过院子,或是冲进围栏。有时孩子们会动手动脚地假装打着玩。

孩子们通常会和他们认为是朋友的人一起玩,他们喜欢这样(Schafer & Smith,1996)。他们的游戏可能只是简单地互相追逐和逃跑,而发起这样的游戏通常只需要一个人对另一个人说:"嘿!让我们跑到栅栏那儿去。谁先到谁就赢!"

当孩子们以这种吵闹的方式玩耍时,他们会表现出几种乐在其中的迹象:他们不停地笑,乐意一次又一次地加入活动。他们的表情是轻松自由的,肌肉也得以放松。在下面这个例子中,孩子们自发选择在一起合作玩耍,游戏的过程中伴随着阵阵欢笑。

三个幼儿正在幼儿园的操场上玩耍。他们就像火车的车厢一样,互相紧贴着站。后面的幼儿把手放在前面幼儿的背上一推,然后他们都摔倒了。他们再站起来，朝相反的方向重复整个过程，一遍又一遍，乐此不疲。

有时候，幼儿也会玩一些传统的众所周知的全身运动游戏。例如，他们可能会选择一个孩子作为"追逐者"，其他孩子则四处跑。游戏规则为："追逐者"抓到谁，谁就来做下一个"追逐者"。而这些游戏规则通常在游戏开始时就被孩子们理解并接受。

也有的时候，孩子们会自己制定规则进行即兴游戏。一位有着3个孩子的母亲回忆道：

> 孩子们喜欢在外面玩蹦床。其中一个孩子躺在蹦床中间，另外两个沿着蹦床的边缘跑，当中间的孩子跳起来时，边上的孩子也要跟着一起跳。他们的游戏规则是：中间的人必须待在中间位置，在其他人跑步时，他不能站起来；另外，跑步的孩子必须保持在边缘位置，不能靠近中间。

教师也可以和孩子们一起进行打闹游戏。

> 我最喜欢和孩子们一起玩名为"烤奶酪三明治"的打闹游戏。一个孩子面朝上躺在垫子上（做第一层面包）。另一个孩子躺在那个孩子的上面（做夹心的奶酪），然后再来一个孩子躺在上面（做另一层面包）。然后我会说："哦，是时候给三明治翻面儿了！"紧接着，三个孩子都倒了下来。然后我们就重新开始，一次又一次，乐此不疲！

> 鉴于打闹游戏有助于儿童身体和社会性的发展，我们应该把它作为一个教育契机，让孩子们就像进行积木、阅读或拼图游戏似的，参与其中。
> ——一位学前教育专业学生

二、全身运动游戏的必要性

众所周知,戏剧游戏、棋类游戏、探索游戏、手指游戏、提高自我调节能力的吟唱,以及建构游戏等,对儿童的发展有着巨大的好处。而大多数孩子所喜爱的逃跑、追逐、攀爬、翻滚和摔跤也同样是游戏,并且对儿童的发展也同样有益。

我们还知道,积极参与游戏会给儿童的身体发育带来很多的积极影响。例如,当教师有计划地让孩子们进行体育锻炼时,他们可以从中练习并发展多种运动技能,并获得健康的体魄(Sanders,2002)。

幼儿身体发展的连续性

在幼儿上幼儿园之前,我们一般不会用"打闹游戏""打斗游戏"来描述他们的身体活动。但是,全身运动游戏所特有的有力的身体活动和接触,从一开始就是儿童生活中的一部分。

随着新生儿开始学会走路,然后成长为学前儿童、小学生,他们的身体发育和活动形式通常会有明显的改变。了解儿童各个阶段的身体发育特点将有助于成人在保护儿童安全的前提下让儿童承担适当的风险。

婴儿

出生前,成长中的胎儿会在母亲体内扭动、踢腿,甚至推挤母亲(偶尔也会推挤子宫内的同胞)。同时,当母亲四处走动时,羊膜囊中的胎儿也不断受到挤压。而之后的分娩过程也会挤压和转动新生儿的身体。

从婴儿出生的头几个月起,他们就开始进行各种形式的全身运动游戏。他们抓住自己的脚,左右翻滚,踢腿,挥手,借助腹部或背部力量移动。6个月大的婴儿有40%的时间是在摇摆身体和踢腿这样的活动中度过的（Pellegrini & Smith, 1998a）。大多数时候，婴儿的全身运动游戏是自己玩自己的；但是当两个婴儿离得足够近时，他们可能会抓住对方的手、胳膊、脚和腿，并在对方身上滚动来互相接触。

照护者也经常会让婴儿参与多种剧烈的全身运动游戏。世界各地的成人都会用膝盖把婴儿颠来颠去（玩"骑马"）；抱着婴儿在空中飞翔；把他们近距离地扔到柔软的床垫或衣物上；或者轻轻地把他们抛出去并接住。婴儿在这一过程中通常会微笑、尖叫、大笑，所以成人往往会反复进行这些动作。

尽管婴儿非常喜欢这种由成人主导的全身运动游戏，但大多数情况下，婴儿是在没有成人参与的情况下进行全身运动游戏的（Pellegrini & Smith, 1998a）。

学步儿

孩子一旦学会走路，他的运动量就会爆发式增加，大肌肉运动技能也会快速发展。蹒跚学步的孩子会很快尝试并掌握（或几乎掌握）全身运动游戏，比如跳跃、推挤、踢球、踮起脚尖、在水坑踩水、抱着东西到处跑、跑步，甚至是骑车。

身体意识是自我意识的一个独特组成部分，它从幼儿24~30个月大时开始出现（Brownell et al., 2007）。然而，由于幼儿正在学习如何控制自己的身体，而且他们的身体成长非常迅速，所以他们的身体意识很难能与其身体的成长和发展保持同步。因此，当他们错误地判断距离、相对重量或力量时，他们可能会经历很多次跌倒。他们必须不断地重新进行测试和学习，从而跟上身体的快速变化。

在蹒跚学步时期，孩子们的平行游戏会十分常见。他们并排玩耍，有时相互模仿，有时自己做自己的事情，偶尔一起嬉戏——在对方身上打滚，牵着手奔跑，在同伴身上爬上爬下，或者试图同时爬上同一辆三轮车、同一只狗，或者爬到父母身上。

幼儿园儿童

2—7岁幼儿的协调能力逐年提高，这一时期是幼儿发展基本运动能力的阶段，同时也是成人促进儿童基本动作技能（如跑步、投掷和平衡能力）发展的最佳时间（Gabbard, 2007; Gallahue, 1995）。2—3岁时，孩子们的肢体动作仍不协调；到了4—5岁时，尽管仍然有点笨拙，但他们可以更多地控制自己的动作；到了学前阶段，孩子们进行全身运动游戏的时间大概会占空闲时间的5%（Pellegrini，1987）。

学前班儿童

到了学前班阶段，儿童开始着迷于探索自己身体的能力，他们想知道自己能爬多高，能跳多远，能跑多快，能骑多好，等等。他们的平衡能力进一步发展，他们长得更高、更苗条，社交能力也有所提高（Thelen & Smith，1998）。这些变化有助于他们更好地进行互动式的打闹游戏。他们可以进行角色互换

游戏,并且对与朋友相处和发展友谊有着强烈的兴趣(McClelland et al., 2006)。

除了社交能力的变化,学前班儿童的身体也已经具备了进行安全的打闹游戏的条件。他们能够奔跑并且灵活地改变方向,能够很好地控制身体的重心和力量,并且能够借助身体进行力量的缓冲(Robertson, 1984)。

小学低年级儿童

到6—8岁时,儿童的身体动作变得更加流畅(Sanders, 2006)。到7岁时,儿童进行打闹游戏的时间加倍增长,大约占其空闲时间的13%(Pellegrini, 1987)。

在该年龄阶段,通常情况下儿童的健康状况良好,较少生病,尽管偶尔会出现生长高峰期,但身体的整体生长速度会稍慢一些(Starfield, 1994)。不论男孩还是女孩,他们的肌肉质量都在增加,但骨骼和韧带的发育还没有完全成熟。

虽然在小学之前儿童就已经建立起来了大肌肉运动技能,诸如跑步和跳

跃等，但在小学阶段，他们会进一步完善这些技能，使其动作变得更有目的性和控制性。他们拥有更好的协调和平衡能力，以及更大的耐力，能很好地利用身体的各个部位。此外，他们对身体的空间和动作感知更加敏感。

小学低年级的儿童惊喜于自身日益熟练的身体技能。此外，他们的独立性和冒险精神也在逐渐发展。这些变化使孩子们进行打闹游戏的能力变得更强，因为孩子们对摔跤、争抢和追逐过程中的身体互动和社会参与更感兴趣。他们尤其热衷于进行同龄人之间身体优势和不足的比较——他们会问自己：谁荡秋千的时间更长？谁更重？谁更快？谁接球更多？谁骑车更平稳？

同时需要注意的是，这一阶段的孩子在打闹游戏中更容易受到伤害，因为他们喜欢冒险，但又不完全了解自己的能力极限，而且他们的骨骼和韧带还没有发育完善。

——希瑟·比格·汤姆林森（Heather Biggar Tomlinson）

全身运动游戏并不只是有益于身体发育。在开展这类游戏的过程中，儿童还会从中学习使用复杂的沟通和社交技巧，包括使用语言和非语言的形式。这类游戏也是培养和提升儿童（尤其是男孩）的同情心和自我调节能力最好的方法之一。此外，在这种积极的游戏过程中，儿童不断发现并解决问题，也促进了其创造力和思维能力的发展。比如：

几个孩子正在一起玩捉人游戏。为了不被捉住，孩子们跑到了操场的另一端。而有的孩子提出，跑得太远、太分散就很难被抓住，所以他们讨论并最终决定将附近的两个围栏作为游戏的边界。之后，游戏继续进行了20多分钟。

全身运动游戏能够为孩子们提供身体、社交、情感和认知发展所需的各种机会。本书第二章将深入探讨这一充满活力的游戏给孩子们带来的好处。

三、对全身运动游戏的疑惑和误解

大多数成人都能回忆起儿时与同伴或兄弟姐妹一起跑步、摔跤、打滚、打闹的欢快情景。然而如今，在种种原因的影响下，这种喧闹的、生机勃勃的游戏风格并没有受到足够的重视。高度关注儿童学业，特别是注重更新教室里的技术设备，使得用于体育的资金处于历史最低水平（DeCorby et al.，2005）。总的来说，体育活动的价值被低估了，尤其是在小学低年级阶段。

还有一个可能的原因是，西方社会，尤其是在工作场所，似乎正在从传统的欣赏男性化特征，如力量、支配力以及果断性等，转向强调传统的女性化特征，如自控力和沟通能力等（Rosin，2010）。在如今的经济状况下，社会对人们身体素质的要求正在弱化，而更加重视社交能力、沟通能力、专注能力等，这种变化可能也会相应地体现在早期教育中。

在儿童发展的早期环境中，很多幼儿教育工作者质疑这种吵闹的、有大量身体接触的游戏方式的有效性和适宜性，更不用说认同发展这种游戏方式的必要性了。有些人认可其价值，但也有

> 一位曾经当过幼儿教师的老年女士回忆说，她童年最美好的记忆是她从干草堆上跳到雪堆里。

一些人不完全相信。当然大多数人都承认，孩子们乐在其中。尽管这种游戏有诸多好处，但几乎所有成人都希望暂停甚至禁止孩子们玩这种打闹形式的游戏。他们的理由如下。

1. 担心打架

对儿童打架，发生伤害自己或他人事件的恐惧不无道理。打架是通过威胁或施加痛苦来强迫或控制他人的身体行为。下面是一位小班幼儿教师讲述的例子。

我正带领小班的孩子进行户外活动。突然,一个孩子走到另一个孩子跟前,用手打他的头。我还没来得及制止,被打的孩子就握紧拳头,朝第一个孩子的头打了三四下。两个孩子都哭了。

许多人会认为,孩子们之间的打闹实际上是打架。事实并非如此。从定义上来说,这种打闹游戏并不包含真正的打架行为(Schafer & Smith, 1996)。(关于这一点的更多内容,参见下一节"一种误解:将打闹游戏等同于攻击性行为"。)在下面这个故事中,一位教师错误地把孩子们的打闹游戏当成了打架行为。

下午晚些时候,我在教室里看着剩下的五六个孩子。两个男孩在教室中间的地毯上摔跤。他们用胳膊紧紧地搂着对方,互相扭打着。我一直关注着他们,确保他们没事。他们一直在笑,我便没有出面阻止。这时,我的搭班老师走了进来,她快步走到男孩们的身边制止他们,然后责备我默许孩子们"打架"。

尽管有许多教师难以区分打闹游戏和打架行为，并且往往会高估了在打闹游戏中发生的真实打斗的数量（Schafer & Smith，1996），但幼儿很容易区分这两种情况（Boulton，1993；Logue & Harvey，2009；Pellegrini，2002；Schafer & Smith，1996；Smith et al.，2002，2004）。当被问到打闹游戏是不是打架时，孩子们会非常清楚地回答："我们在玩，不是在打架……""看起来我在打他，但实际上我并没有。"

2. 担心打闹升级为打架

尽管打闹游戏看起来是适宜的——孩子们很享受，也没有人因此受伤——但是一些成人仍然担心，如果放任不管将不可避免地会导致孩子们真正的打架行为。然而，大量研究结果发现，虽然打闹游戏看起来很有攻击性，但是很少会导致真正的攻击性行为（DiPietro，1981；Fry，1990，2005；Hellendoorn & Harinck，1997；Humphreys & Smith，1987；Paquette et al.，2003；Smith et al.，2004）。为什么会出现这样的情况呢？这是因为真正的攻击性行为本身通常会引发更为激进的行为，这与游戏是完全不同的（Malloy & McMurray-Schwarz，2004）。

下面是一位教师的观察记录，孩子们在进行打闹游戏时并没有变得更具攻击性。

> 我在教室里监督孩子们进行摔跤游戏。我们制定了一些规则，比如不准穿鞋子，不能离开垫子。他们非常专注，一轮摔跤要持续两三分钟。游戏结束后，他们站起来握手，脸上通常会露出胜利的微笑，然后平静地离开垫子。虽然孩子们有时会感到沮丧，但当摔跤结束时，两人似乎都不会生对方的气。

此外，研究数据显示，尽管学前儿童约有10%的户外自由时间都在进行全身运动游戏，但他们的这种打闹引发真正打架行为的时间不到1%

（Smith et al., 2004）。引发这种情况的原因通常是一个孩子误解了另一个孩子的社交行为。这对于那些社交技能落后的孩子来说尤其困难，他们无法与他人建立良好的人际关系（参见第二章中的内容"被社会排斥的孩子"）。这类儿童很难理解他人发出的社交线索，因此与社交技能发展正常的儿童相比，他们更容易将友好的游戏变成打架（Smith et al., 2004）。

3. 担心情绪失控

一些成人认为，全身运动游戏容易使孩子的情绪面临失控。教师们也担心，全身运动游戏后帮助孩子们平静下来进行其他活动是一个挑战。

我们有必要知道，虽然对孩子们来说基本的体育活动是充满活力的，但是孩子们在进行全身运动游戏之后会变得更冷静、更专注（Scott & Panksepp, 2003）。教师必须认真反思：我们不允许孩子吵闹的原因是什么？是因为这种行为根本不合适呢，还是因为它惹恼了负责监督的成人呢？

4. 担心受伤

家长和教师们似乎最担心的是孩子们进行全身运动游戏时可能会受伤。

例如，两个男孩正在爬滑梯。后面的男孩伸手抓住前面的男孩，抱住他的腰。然后他们开始头朝下，肚子贴着滑梯滑下来。一位教师看到后，警告他们要用"正确的方式"（脚朝下，脸朝上）玩。然后教师不允许他们继续玩滑梯游戏，让他们到另一个区域玩耍。

不可否认的是，在全身运动游戏中确实存在受伤的风险。但是，适当的保护措施可以控制伤害的风险。在这个小故事中，担心男孩安全的教师也可以做出不同的反应。她可以走得更近一些，以便更好地监督孩子们的游戏，也许还可以问孩子们："你们想做什么？"当教师知道孩子们想要一个接着一个地滑下来,而不是扭打在一起时,她就能更好地在确保孩子安全的同时支持他们的游戏。(第三章就管理与消除风险进行了深入的讨论。)

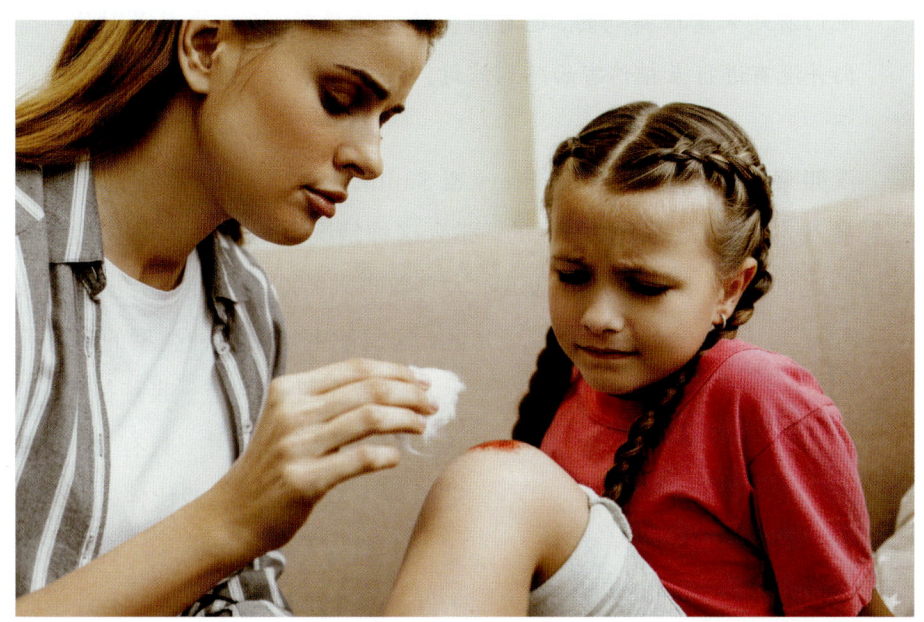

四、一种误解:将打闹游戏等同于攻击性行为

担心孩子们的打闹会升级为打架,这背后的原因是人们认为打闹本身就是一种攻击性行为。许多成人认为,打闹游戏会助长消极的、攻击性行为的发展,而这与他们希望孩子们和平相处的价值观背道而驰。

然而,教师们也经常将孩子们的打闹游戏误解为攻击性行为(DiPietro, 1981)。帕克特等人(Paquette et al., 2003)发现,教师普遍认为三分之一的打闹游戏会发展为真正的打架行为,虽然事实上这一概率大概只有百分之一。

一位教师写道:

我的搭班老师认为，让孩子们粗鲁地进行打闹游戏会助长他们的攻击性行为。但我不这样认为。当孩子们进行打闹游戏时，他们看起来是很高兴的，也有继续玩耍的愿望。而我也总是对他们并没有进行互相伤害而感到惊讶。

汉弗莱斯和史密斯（Humphreys & Smith, 1987）得出的结论是，如果一种游戏本质上是具有攻击性的，那么这种情况会更多地发生在相互讨厌的游戏伙伴之间。然而他们发现，大多数打闹游戏的伙伴都会很喜欢彼此，这也就否定了这种类型的游戏天生具有攻击性的观点。弗赖伊（Fry, 1990）发现，在游戏中，只有1%的攻击性行为会伤害到游戏伙伴，因此能够得出结论：打闹游戏一般不具有攻击性，在打闹游戏中参与者也并不想互相伤害。

> 当孩子们试图用强有力的身体动作控制对方时，他们也会随即认识到，用身体控制对方并不能与其建立友谊。通过在打闹游戏中进行妥协，孩子们学会了更多与同伴和平相处的方式。

1. 有攻击性和攻击性行为

如果想要充分理解孩子们之间的打闹游戏虽然有时可能具有攻击性，但这种行为本身不是攻击性行为，那么我们首先要明确攻击性行为的定义。攻击性通常指的是行为较为强势，传达出较强的控制欲和胜负欲。一方面，具有攻击性行为可以理解为追求成功的行为，比如跑得最快的能够去骑三轮车。另一方面，攻击性行为也可以理解为具有"潜在危害的、故意的并使受害者反感"的行为（McEvoy et al., 2003, p.53），比如一个孩子为了骑三轮车而把另一个孩子撞到一边。

大多数幼儿在早期的某个阶段都会表现出攻击性行为。例如，一个蹒跚学步的孩子可能会为了得到洋娃娃而去打或咬另一个孩子；一个孩子在另一个孩子之后找到三轮车,但为了先骑车,他可能会直接把第一个孩子拉开。对于正常发育的儿童来说,攻击性行为在2—4岁达到高峰,然后逐渐下降(Benenson et al.,2008)。在同龄儿童中,男孩的身体攻击性行为多于女孩(Logue & Harvey,2010;McEvoy et al.,2003)。但到了4岁左右,大多数孩子已经掌握了基本的认知和社交情感技能,如沟通、轮流、合作、设定边界等,这些技能使得他们与他人实现良性互动。

如果4岁及以上的孩子仍然对他人表现出攻击性行为,那就需要多加关注并进行干预。持续存在的身体攻击在孩子长大后很可能演变为社会性难题,如青少年犯罪和监禁等(Farrington,2005)。这种不恰当的行为可能是儿童早期语言发展迟缓、与主要监护人不安全的依恋关系或社交技能发展不良的结果。问题的关键在于:全身运动游戏可以支持社交技能的发展,因此这种看似具有攻击性的游戏风格实际上可以帮助减少真正的、长期的攻击性行为。

真正引起打闹游戏和打架行为之间混淆的原因是在游戏中孩子们经常会模仿攻击性行为(Boulton,1993;DiPietro,1981)。当孩子们玩起打闹游戏时,他们有时会假装攻击他人。假装攻击指的是"儿童在假装情境中表现出的攻击性,包括进行角色扮演、以物代物或创造性想象"(Malloy & McMurray-Schwarz,2004,p.237)。例如,孩子们把桌上的玩具当作假枪,或者扮演警察与强盗。

贝内森等人(Benenson et al.,2008)发现,男孩似乎能从模仿身体攻击的游戏中获得快乐。在她的研究中,贝内森将这些游戏活动定义为"扮演士兵杀人和警察抓捕罪犯的游戏"(p.157)。53%的年轻受访者表示,他们喜欢玩这些模拟攻击性行为的游戏。然而,这种模仿的攻击游戏通常不会导致实际的攻击性行为(Malloy & McMurray-Schwarz,2004)。

游戏中的文化差异

虽然儿童成长的文化背景不尽相同，但他们有一个共通之处：都会进行打闹游戏。儿童往往会模仿在其特定文化中可以观察到的攻击性行为。例如，在美国社会中，身体攻击行为比在其他某些文化中更为普遍，因此美国儿童的打闹游戏也更具身体攻击性。

然而，在塞迈族等马来西亚中部的土著民族的文化中，很少出现攻击性行为，因此他们的儿童很少接触到身体攻击行为。与美国儿童的游戏相比，塞迈族儿童的打闹游戏非常温和。他们会把手放在小伙伴的肩膀上，但很少撞倒对方；他们会拿着长棍子互相轻轻地敲打，但很少出现身体的接触（Fry，2005）。

在戏剧情境下的全身运动游戏中，孩子们使用的道具也可能会反映出当地的文化特色。例如，美国的儿童可能会模仿赛车在地上爬行，然后互相碰撞。印度的孩子们可能会玩一种叫作"抓小鸡"的游戏，在这个游戏中，他们（"小鸡们"）手拉手站成一排，而有一个孩子（"老鹰"）依次扑向队伍中的孩子。当"老鹰"扑向"鸡群"时，"小鸡们"要尽力不被扑倒，并保持队形完整。当只剩下一只"小鸡"时，"老鹰"和"小鸡"要在地上摔跤来区分胜负。

无论是在不同文化背景下的游戏差异，还是在全身运动游戏中使用的不同道具，儿童游戏中的笑声与放松都标志着他们只是在进行游戏，而不是真的在打架（Fry，2005）。

2. 区分打闹游戏和打架行为

尽管追逐、摔跤和推搡看起来——尤其是在外行人看来——可能像是攻击性行为,但是30多年来的研究表明,打闹游戏与真正的打斗之间截然不同,其区别在于孩子们的意图和他们游戏的环境。

在打闹游戏中,孩子们之间的互动并不是为了伤害他们的玩伴。相反,他们的共同目标是尽可能延长游戏时间。孩子们通过身体的互动去吸引其他孩子,围绕同一个主题进行游戏。这个游戏的主题可能是关于支配或控制的,但同时孩子们会使用轮流、分享等互动技巧。例如,当操场上的幼儿分成小组玩警察和小偷的游戏时,占主导地位的"警察"组试图去控制"小偷"组。但为了让游戏继续进行下去,两个小组必须学会交换角色,让每个小组都有机会成为占据主导地位的"警察"。这时,孩子们互动的实质是相互合作。

政策和打闹游戏

打闹游戏——经常被教师和家长视为一片混乱——在人们制定标准和进行评估时常常被忽视，有时甚至被制止。

全美幼教协会（NAEYC）在其早期颁布的指南《发展适宜性实践》（*Developmentally Appropriate Practice*）（Bredekamp, 1987）中，提醒教师们要注意识别"刺激过度的迹象，比如孩子们在摔跤比赛中跑得晕头转向"，以便避免（而不是惩罚）出现这种行为（p.74）。而在该指南的引导下，《儿童发展导师评估观察工具》（*CDA*[①] *Assessment Observation Instrument*）描述了对良好幼儿实践的期望："尽可能减少打闹游戏的发生。例如：在打闹游戏发展成为问题之前就消除它；通过限制游戏的时间和地点，使打闹游戏更易于管理等。（Council for Professional Recognition, 2007, p.31）"

这些限制或禁止儿童进行打闹游戏以保护儿童的规定，本意是好的，但其出发点是基于这样的假设：儿童的打闹游戏通常会升级成为打架，或者儿童在打闹游戏中通常会受伤。但正如我们之前所说，这两种假设都是不成立的（Smith et al., 2004）。

最新版本的《早期教育中的发展适宜性实践》（*Developmentally Appropriate Practice in Early Childhood Programs*）体现出更多的对打闹游戏的理解和支持（Bredekamp & Copple, 1997; Copple & Bredekamp, 2009）。该文件支持从婴儿期到8岁的儿童在室内和户外进行打闹游戏，鼓励教师给予儿童支持，对他们进行良好的监督以确保其安全，并将儿童游戏作为认知、社交、情感和身体发展的重要载体。

---

① 英文全称为 Child Development Associate，意为儿童发展导师。——译者注

相比之下，真正打架时，孩子们会用攻击性的行为来胁迫玩伴从而实现自己的愿望。这时，孩子们互动的实质是进行控制。身体攻击行为指的是使用物体或拳头殴打玩伴，而不是像在游戏中经常看到的张开手掌之类的行为。真正打架时，孩子也会张开手掌，而之后的行为是狠狠地扇对方一巴掌。

> 如果一个4岁或4岁以上的孩子仍然对他人表现出身体上的攻击性，那就值得引起成人的关注和干预。儿童持续的攻击性行为极有可能会导致未来社会交往方面的困难。

我们观察到，打闹游戏和真正的打架行为之间的相似之处，背后实际上有着两种完全不同的意图（Hellendoorn & Harinck，1997）。例如，在这两种行为中，儿童都有可能会伸手推搡（尽管那些用手造成故意伤害的儿童通常会使用拳头）。在游戏中，孩子们会轻轻地互相推搡，但这并不是为了控制对方或给对方造成身体上的疼痛。相反，如果带有攻击性意图的推搡会导致孩子受伤，那么被推搡的孩子通常会哭着逃跑。

为了避免孩子们在游戏当中受伤，教师需要区分适当的打闹游戏和不适当的真正的打架行为。这两者表现出一系列不同的特征（Humphreys & Smith，1984），二者主要有以下三个区别。

（1）面部表情

在适当的打闹游戏中，孩子们的面部表情是微笑着的，或者至少表现出放松的面部状态。而在真正的打架行为中，经常发起攻击性行为的孩子往往呈现出低沉的、怒气冲冲的面部表情。他可能会紧盯着一个小朋友，然后打他。发出攻击的儿童的面部表情通常是僵硬的、紧张的，他会紧绷着下巴（Fry，2005）。而被攻击儿童通常会哭。

（2）参与意愿

在打闹游戏中，所有的孩子都是自愿的参与者，他们的目的是玩得开心。然而在打架行为中，攻击者通常是通过控制身体来达到伤害他人的目的，他的意图是给他人造成痛苦或伤害。真正的打架行为往往是口头挑衅的结果，比如说"打我呀！"或者"我恨你！"这样的话，而打闹游戏则需要礼貌邀请。

（3）愿意回归并继续参与游戏

参与打闹游戏的孩子们会一次又一次地回到游戏当中，他们的目的是继续并丰富他们的游戏（Boulton，1993；Fry，2005；Tannock，2008）。他们把自己的玩伴称为朋友（Humphreys & Smith，1987）。而在打架行为中，受到攻击的孩子通常会尽快逃离现场，并且不会再自愿返回（Carlson，2009）。在之后的一段时间内，他们可能会拒绝与攻击者玩耍，并把攻击者视为他们不想再一起玩耍的人。

* * *

  对于负责照顾孩子的成人来说,当他们看到孩子们打打闹闹时,经常会感到有压力。他们关注孩子的安全,并会为此感到焦虑。但如果我们关注到眼前孩子们的表情,我们就会从中看到他们的快乐。
  一群6岁左右的男孩在我们幼儿园的草地上打滚。他们一次又一次欢快地滚到对方身上!孩子们的脸上洋溢着喜悦的笑容。游戏结束后,他们在去喝水的路上轻松愉快地聊天。

  孩子们喜欢这种粗犷的、吵闹的游戏方式,他们也需要它。下一章将讨论其中的原因。

第 二 章

游戏及全身运动游戏的好处

> 游戏特别适合儿童，也是孩子们真正"想"做的事情。牢记这一点可能会让我们慎重地考虑，要不要改变孩子们的环境，以牺牲孩子们的游戏为代价达到一个目标（例如，把孩子关在学校里，使其更专注地进行学习）。
>
> ——比约克伦德和佩莱格里尼
> （Bjorklund & Pellegrini, 2001, p.331）

各个年龄段的孩子都喜欢通过运动以及学习控制身体而获得的自我力量感。这种内在的全身运动游戏的吸引力只会贯穿于整个童年时期。出于对儿童安全的担忧，教师和其他成人往往会试图阻止儿童进行这种有较多身体接触的游戏。当然，这并不意味着他们完全无视体育活动带来的好处。一项研究发现，90%的教师和86%的家长表示，参加体育锻炼的孩子在课堂上表现得更好，学习能力更强，而且在课堂上他们既不会因为参加了体育活动而变得过分活跃，也不会因此而变得容易分心（Burdette & Whitaker, 2005）。

换句话说，作为成人，我们都知道体育活动对孩子们有好处，但我们还没有意识到全身运动游戏到底有多么好。我们可能知道温和的、安静的、合作形式的体育活动形式的好处，比如来回滚动球、自然散步或正常地玩滑梯等。而那些吵闹、粗犷的活动形式呢？全身运动游戏的好处只是促进身体发育，还是同时也能促进其他领域的发展呢？

正如本章内容所强调的，游戏在生理、社交、情感和认知领域都能给孩子带来巨大的好处：它能够提高孩子的问题解决能力、创造力和移情能力；减少不良行为；提升语言技巧；发展认知能力和社会情绪能力（e.g., Barros et al., 2009; Singer et al., 2006）。本章重点介绍了游戏的好处，既包括全身运动游戏（尤其是打闹形式的全身运动游戏）特有的好处，也包括那些与更容易接受的游戏形式（如社会戏剧性游戏）同样的好处。

一、体育活动的类型和数量

幼儿的体育活动包含两种途径：①孩子们在幼儿园体育课程中进行的有组织、有针对性的体育活动；②孩子们自发地、本能地进行的无组织的、自由的全身运动游戏，例如打闹游戏，自发的大肌肉运动等。虽然全身运动游戏是娱乐性的、由儿童主导的，而体育课程是由成人主导的，包括精心设计的内容、结构化的教学时间和评估部分（NASPE n.d.），但是这两种类型的活动都对儿童的健康、智力和全面发展有重要的价值。

体育课程和全身运动游戏都能增加幼儿的运动量。然而，好的体育课程至少在两个重要方面与游戏相区别：①课程是有目标的；②课程不是自发的，而是有计划的。美国国家体育运动协会（National Association for Sport and Physical Education，NASPE）制定了指导儿童体育活动的指南，并对适宜儿童发展的运动量做出了规定。

虽然对幼儿来说有组织和无组织的体育活动都是有价值的，但全身运动游戏通常会产生更多持续的体力消耗，从而更有利于幼儿的发展。与幼儿园或学校的体育课程相比，孩子们自发的全身运动游戏往往活动强度更大。例如，一项针对学龄儿童的研究发现，在长达55分钟的体育课上，儿童只进行了19分钟中等强度的体育运动（Coe et al., 2006）。[NASPE（2009b）建议：对于从幼儿园至二年级的儿童来说，体育课的时间为30分钟；对于三年级的儿童来说，体育课的时间最长为45分钟。]

只有19分钟的中等强度运动是可以理解的，因为体育课程需要有用来讲解规则的时间，可能需要有管理的时间以及等待他人玩耍或示范的时间，还可能需要有进行评估的时间。相比之下，全身运动游戏通常是持续进行的。事实上，孩子们甚至还可以拒绝玩伴浪费时间（例如说太多的话），从而保护游戏的节奏和流畅性（Jarvis，2007a）。

也许孩子们本能地知道，他们需要不间断地进行高强度的活动，从而获得与体力消耗相关的发展。正如美国国家体育运动协会（NASPE n.d.）所指出的，"当参与者在体育课上的运动强度提高，心率增加，并且不自主地进行深呼吸时，他由此获得的益处可能与他从无组织的体育活动中获得的益处是相似的。"体育锻炼的强度和持续时间非常重要，坚持运动能够更好地促进儿童身体素质、认知能力等的发展（Stevens et al.，2008）。

> 众所周知，运动和认知的发展之间存在关联。

二、进化与大脑发育

从美国到肯尼亚,从菲律宾到墨西哥,从古代到中世纪再到现在,在老鼠、猩猩和人类身上,都有关于粗犷的打闹游戏的趣事和经验记录(如:Fry,1987,2005;Groos,1901;Pellis et al.,1999)。

许多人从理论上解释了为什么儿童普遍会参与这种类型的游戏。有些人觉得打滚只是为了发泄情绪。然而,从进化发展的角度来看,有一种观点认为:打闹可以让孩子练习成人角色,并且在某种程度上是按照性别特有的方式进行练习。也就是说,全身运动游戏有助于让孩子们为未来复杂的社会生活做好准备,从进化的角度来说,就是为成人生活做好准备(Bjorklund & Pellegrini,2001)。也有人推测,打闹游戏有助于锻炼儿童对可能面临的攻击和支配性行为做出适应性反应,从而获得自我保护的技能(Pellis & Pellis,2007)。

不仅仅只是推测,运动和认知发展之间存在着已知的联系(Diamond,2000)。研究人员认为,较多身体接触的、吵闹的游戏风格和大脑发育的关键期之间存在着联系(Byers,1998)。同伴间的打闹游戏对个体学习以适当方式进行动作调整至关重要(Pellis et al.,1999)。

还有证据显示,打闹游戏会刺激中脑、前脑下部和大脑皮层(包括负责决策和社会判断的区域)释放化学物质;这些化学物质对大脑发育有着积极的影响。此外,也有证据表明,严重的游戏缺乏(或对大脑相关区域的损害)与不能根据他人的社会地位和运动特质相应地调整行为有关(Pellis & Pellis,2007)。换句话说,贯穿历史、跨越国界的打闹游戏是具有进化上的适应性意义的,并且在游戏中还能够促进儿童的大脑发育。

三、生长发育与运动

在全身运动游戏中,孩子们掌握了一些技能,比如了解自己身体的部位分布、运动方式以及如何进行身体控制。这也是满足幼儿身体接触需求的有效途径,因为游戏不仅适合于个体(即特定儿童),也适合于这个年龄阶段(Carlson,2006;Reed,2005)。

1. 婴儿期骨骼和肌肉发育

婴儿喜欢用自己、同伴和照护者的身体进行打闹游戏,从而发展大肌肉运动。他们一出生就拥有全部的肌肉纤维,只是这些纤维较为细小。婴儿身体的水分和脂肪含量比肌肉高,但随着儿童的成长和发育,这一比例发生变化,儿童的肌肉力量增加(Boyd & Bee,2006)。此外,新生儿的腿骨太软,无法支撑其体重。肌肉力量缺乏以及腿骨过于柔软意味着婴儿在1周岁以内的大部分时间里都在地板上活动。

婴儿即使在缺乏骨骼和肌肉力量的情况下也可以进行全身运动游戏,所以全身运动游戏这种无组织的、非常活跃的游戏有助于促进他们刚刚萌芽的身体能力的发展。自发的经常性的伸展、抓、踢、挥手、滚动和挪动等动作都能发展婴儿的骨骼和肌肉力量。此外,有证据表明,虽然低体重的早产儿骨骼强度较弱,但即使是小范围的活动也可以预防这一问题,甚至在出生几周以后,通过活动也能使骨骼发育变得正常(Litmanovitz et al.,2003)。

2. 身体健康

幼儿很少能像参加集体运动的成人或大孩子那样,连续1小时保持活力。幼儿自发的体育游戏往往是非常活跃的、爆发式的,持续时间为5~15

分钟。尽管时间较短,但这些游戏时间累积起来,也同样达到了促进身体健康的目的。

当幼儿以粗犷的、活跃的、高体力的方式游戏时,他们的心率就会加快;他们伸展四肢;他们锻炼骨骼、肌肉和韧带;他们燃烧卡路里,维持健康的体重;他们学习新的身体技能……所有这些都有助于他们的健康和成长。正如佩莱格里尼和史密斯(Pellegrini & Smith, 1998a)所指出的,"在人类社会中,游戏可能是在有组织的比赛和运动出现之前,'幼儿'获得充分锻炼的唯一途径(p.610)"。

> 经常参加体育活动也有助于预防慢性疾病,例如糖尿病、高血压和高胆固醇等,这对幼儿来说也同样适用。

有研究明确指出,体育活动能够促进人的身体健康,提升总体的幸福感(如:Sola et al., 2010)。积极参加跑步、跳跃、投掷、攀岩的孩子在体能测试(包括耐力、速度、敏捷性、平衡性和力量等多个方面)中表现得更好。研究还显示,经常参加体育活动的孩子还表现

出较低的体重指数（衡量全身脂肪的指标），以及较高的氧气摄入量。儿童肥胖症是目前美国社会中的一个普遍而又紧迫的问题，其部分原因是儿童久坐，而经常参加体育活动的孩子则很少面临这一困扰。经常参加体育活动也有助于预防慢性疾病，例如糖尿病、高血压和高胆固醇等，这对幼儿来说也同样适用（Ward，2010）。

3. 学龄前及以后：探索大小、力量和控制

通过全身运动游戏，学龄前及以后的儿童会更加意识到自己身体的能力：他们有多强壮、有多快、有多重。儿童能够顺利地进行打闹游戏的部分原因就在于他们能够控制自己的身体，这使得他们和同伴在游戏中都不会受到伤害（Paquette et al.，2003）。例如，打闹游戏的动作大多是互相抱在一起或者摔跤，他们要么完全避免身体接触（"你躲开我了！"），要么以不会造成伤害的方式进行接触。但还有一个问题是，尽管他们通常是与朋友们一起玩耍，但他们的体重、体型和力量往往并不相同。

那么，孩子们如何提升自己的能力，更加了解自己的力量，并且在必要时控制自己的力量呢？答案是通过参与打闹游戏来进行学习，这会给儿童提供即时的反馈。以下面这个场景为例。

> 跳跃表达了对自己和环境的信心。从不同高度跳下并安全着陆，是对自我和重力的考验（Greenman，2007，p.292）。

两个学龄前阶段的男孩在操场上来回扔球。一个男孩问："你想玩摔跤吗？"另一个男孩回答："当然！"于是，他们倒在地上，双臂抱住对方，开始摔跤。大一点儿的男孩把小一点儿的男孩压在地上，小男孩不停地推着大男孩。这时，大男孩跳了起来，说："下次我让你先摔，因为我的力量比你大。"

故事里的大男孩很快意识到自己的身体优势，并且他还意识到，如果他想让这场愉快的摔跤比赛继续下去，他就不能完全发挥自己的力量和能力。因此，他决定做一些让步（即自我设限），让小男孩先出击，这样比赛才能更公平地进行，也才能持续更长时间。这段经历让两个孩子了解到他们的个头大小和力量差异。

四、感受与互动

全身运动游戏也促进了孩子们社会性的发展，他们在有规则的游戏中学习到轮流、自我设限和协作等积极的社会品质。他们通过接受角色、谈判、发展和维持友谊来学习社交技能。此外，在进行全身运动游戏时，孩子们也学会了合作和妥协（Boulton & Smith, 1992）。

1. 婴儿期和学步儿期的社会情绪发展

婴儿和学步儿通过与自己的身体、其他儿童和成人进行积极的、自发的、身体接触较多的互动，增加他们对自己和他人的身体以及世界的了解（McCune, 1998）。这种自我认识和对世界的感知相互作用，为婴幼儿批判性情绪能力的建立奠定了基础。进行全身运动游戏的一个重要前提就是婴儿首先要了解自己的身体（Sheets-Johnstone, 2008）。

自我概念指的是一个人对自己的认识，一般在个体1—2岁时开始发展（Houck & Spegman, 1999）。在感知运动阶段，儿童可以独立自主地进行活动，他们开始能够认出镜子或照片中的自己，很快就能用语言清晰地表达出自己是独立于母亲和周围其他人的实体。然后，他们开始表现出带有自我意识的情绪，比如尴尬和骄傲（Houck, 1999）。

但这种自我概念都始于儿童对自己身体的意识。有区别的哭声和某些身体反应，如踢腿抗议，表明婴儿正在形成自我概念。明确、客观地表现自

己的身体能力可能是早期儿童发展的一个独特维度，是在幼儿期出现的客观自我意识的独特组成部分（Brownell et al., 2007）。

一旦孩子们意识到运动对他们身体的影响，他们就能够意识到自己的运动会如何影响他人的感觉。移情是能够理解他人的感受，并且自己对此感同身受的一种综合能力（Light et al., 2009）。它始于儿童对自己和对自己反应的理解。当婴儿意识到自己的感受时，他们就能理解他人的感受并与自己的感受相匹配。根据希茨·约翰斯通（Sheets-Johnstone, 2008）的观点，在移情方面，"我们基本上是通过语言之外的方式理解彼此。从这个意义上说，运动是我们的契合点"（p.194）。在运动的过程中，移情能力就萌芽了。

我们一起来看下面的情景。

两个6个月大的婴儿依依①和洋洋躺在地板上的毯子上，依

---

① 为了照顾中国读者的阅读习惯，我们将本书中外国小朋友的姓名改成了中国小朋友常用的小名。——译者注

依面朝上，洋洋趴着。依依翻了个身，落在洋洋的手臂上。几秒钟后，依依全部的重量都压在了洋洋的胳膊上。这时，洋洋哭了起来，一边哭一边使劲地踢腿。依依被洋洋的哭声和动作吓到了，她盯着他看了几秒钟，然后翻了个身，现在洋洋完全被压在她的身下。

依依笑着扭动着身子。洋洋仍然在大哭、踢腿。终于，依依从洋洋身上滑下来。洋洋也安静下来，滚到毯子的另一边。

在这种情况下，两个婴儿都有身体上的感觉，包括彼此身体相对于自己身体的感觉和重量。依依先压在洋洋的胳膊上，然后又压在他的胸口上，这让洋洋很不高兴。从他的叫声和动作可以判断出，他觉得依依很重，这让他感到非常不舒服。当依依离开后，洋洋觉得压力减轻了。

对于依依来说，她感受到了洋洋的手臂和身体在她下面的感觉，她也意识到洋洋的哭声以及他踢腿的力量。当她离开后，依依感受到坚实的地板。他们都感受到了洋洋停止哭泣的过程。

通过这些多重感觉和各种行为变换（例如哭泣、踢腿、滚开）的过程，婴儿增加了对自我和他人的意识；这一经历虽然不完全愉快，但却为他们提供了丰富而有价值的信息。他们了解了自己的感受，并开始出现自我概念和同理心。

2. 学龄前及以后：自我约束与互惠

随着孩子们开始进入幼儿园和小学，他们希望练习更多的社交技能，比如公平和互惠，全身运动游戏就为此提供了丰富的机会。如果对方比自己小或者比较弱，孩子们会意识到应适当减少或削弱自己的力量。因此，尽管打闹游戏看起来是一种身体控制性的活动，但它实际上会促使孩子们学习如何为了维持游戏和伙伴关系而约束自己。打闹游戏的成功进行有赖于伙伴间的互惠关系。

在一起玩耍的孩子们通常已经是朋友了，那么打闹游戏可以进一步帮助他们发展一些必要的技能，来巩固他们之间的友谊。正如没有人会喜欢一个占用所有时间或注意力，或者控制整个谈话的朋友一样，也没有一个孩子想要一个主导整个打闹游戏的伙伴。

> 尽管打闹游戏看起来是一种身体控制性的活动，但它实际上会促使孩子们学习如何为了维持游戏和伙伴关系而约束自己。

大多数成功游戏体验的获得，就像和谐人际关系的建立一样，都是因为双方知道如何等待，如何给予和索取，以及如何倾听和交谈。在全身运动游戏中，孩子们有机会练习并掌握这些技能。例如，一群孩子在玩"国王"游戏，为了让游戏继续下去，孩子们必须轮流当"国王"和滚下山的人。如果"国王"从不与其他孩子交换角色，那么大多数孩子很快就会厌倦总是滚下山的角色，并选择退出游戏。

同样地，在摔跤比赛中，如果有一个孩子总是被摔，那么这个孩子很快就不想再玩了。在这个过程中，两个孩子很快就知道了，为了让游戏变得更加有趣，并且确保有人与自己一起继续玩，他们就必须轮流被摔。他们也会知道：在自己被摔的同时，别人会获胜；在自己获胜的同时，别人会被摔倒在地。无论谁输谁赢，他们都会从中收获友谊并且能够将游戏继续下去。

3. 学龄前及以后：自信

在打闹游戏过程中，孩子们还会习得另一项重要的社交技能：在必要时维护自己的利益（Paquette et al., 2003）。虽然孩子们会意识到，在大多数情况下，退让和妥协是最有效的社交途径，但有时自信才是正确的选择。因为打闹游戏让孩子们感受和了解到自己的力量，所以当出现一种需要发挥他们作用的情况时，他们会感到更加自信。

例如，当游戏进行得太久或者没有吸引力时，孩子可能需要提出自己的想法。

> 泽泽和果果正在操场上打滚。他们互相搂着胳膊，在操场上滚动了几分钟。这时，泽泽开始厌倦这个游戏，他不想玩了。但是果果想继续玩，所以他伸手把泽泽拉了回来。泽泽坚定地对果果说："不！我不玩了。"于是果果放开了他，他站起来走开了。

在这个场景中，这种互动为疲惫的泽泽提供了一个练习说"不"的机会，也让他提升了自信，体验到自我效能感。

被社会排斥的孩子

打闹游戏虽然对有着正常社交水平的儿童来说是有益的，但对社交技能落后的儿童来说，打闹游戏同样甚至更有价值。全身运动游戏为"被社会排斥"的儿童——那些无法建立成功人际关系所必需的社交技能的儿童——提供了机会来体验和练习他们所缺乏的技能，如轮流、理解他人的非语言信号和肢体语言、使用语言交流情感和想法、设置界限，以及强烈的自我意识等。

然而，不幸的是，对于这些缺乏社交技能的孩子来说，打闹游戏是很难进行的，有时甚至是不可能发生的。被社会排斥的孩子往往会误解同伴的玩笑，并以敌对的方式回应他们。事实也是如此。研究发现，当被社会排斥的儿童参与游戏时，打闹游戏演变为真正的打架行为的可能性要高出25倍（Schafer & Smith, 1996；Smith et al., 2004）。

由于这种友好游戏频繁地升级为攻击性游戏，有时甚至是暴力游戏，因此教师们不愿意让被社会排斥的孩子进行打闹游戏的做法，也许是正确的。他们担心这样容易让孩子们受伤。

> 然而，研究表明，"事实可能不是社交能力较强的孩子才会参与更多的打闹游戏，而是在打闹游戏过程中所有儿童的社交能力都能获得发展"（Pellis & Pellis，2007，p.97）。换句话说，孩子们正是从打闹游戏中学会社交技能的。

五、交流

当孩子只会使用非语言方式进行沟通时，全身运动游戏可以促进他们语言能力的发展。在互相打闹的过程中他们可以逐渐地理解语言在对话中的相互作用，也可以更好地练习使用语言。在这一过程中，儿童主要通过信号和非语言交流的方式提升语言技能，包括感知、推理和分析的能力。

1. 婴儿期不同的哭声和手势

婴儿经常使用动作和手势与成人和其他婴儿交流的现象，表明了婴儿前语言技能的发展。这一信号的出现表明儿童在婴儿期就开始尝试表达自己的需求（Paquette et al.，2003）。

例如，一个婴儿因被另一个婴儿推而感到不舒服时的哭声，与他表示疲劳或饥饿时的哭声是不同的。当婴儿感到身体不舒服时，就像前述案例中洋洋所做的那样，可能会踢腿，也可能会挥动手臂。当婴儿感到快乐时，他可能会咕咕叫、微笑或闭着眼睛。例如，依依压在洋洋身上时，依依在微笑和扭动，这表示她喜欢这种感觉。

不同的哭声、叫声、面部表情和肢体动作等为婴儿提供了练习沟通的机会。这种语言和非语言沟通方式的使用为婴儿以后的语言学习奠定了基础。

2. 学前期及以后：信号和非语言交流

全身运动游戏对儿童发展的主要贡献之一是它通过信号的使用来支持非语言沟通（Bjorklund & Brown，1998；Paquette et al.，2003）。例如，当一个孩子想邀请另一个孩子参加游戏时，她可能会挥手示意让他"过来"。在游戏过程中，孩子们可能会发出信号让小伙伴停下来（双手放在前面，手掌和手指向上），或者让小伙伴站起来或蹲下去（双手放在自己与其他孩子之间），或者让小伙伴转到另一个方向（双手来回挥舞，或者手指打转做圆周运动）。

> 全身运动游戏对儿童发展的主要贡献之一是它通过信号的使用来支持非语言沟通。

在打闹游戏中最常见的信号是"游戏表情（play face）"，它似乎象征着这种身体互动的游戏本质。"游戏表情"指的是当孩子们以一种友好和恰当的方式游戏时，他们会面带微笑。这表示孩子们接受并享受这个游戏。它清楚地表明，打闹只是一种游戏，而不是一种攻击性行为，孩子们在这一过程中的体验是快乐的。

孩子们也会用眼睛来表达他们的愿望和意图。例如，一个正在快乐地玩游戏的孩子闭着眼睛的时候可能都在笑。相比之下，一个感到痛苦或不满的孩子则会睁大眼睛或者怒目凝视。

当孩子们学会解读这些信号时，他们的社交能力就会增强（Pellegrini & Smith, 1998b）。学前儿童之间开始出现友谊，而成功的沟通就是友谊萌芽的基础。当孩子们知道如何正确地"识别"并理解他人通过眼睛、手势或面部表情表达的内容时，他们就开始建立起牢固的友谊。

3. 学前期及以后：谈判、表达和其他语言技能

除了提升儿童的解读能力和非语言技能，打闹游戏还为语言技能的发展，尤其是儿童的谈判和表达能力的发展，提供了一个独特的机会。孩子不是天生的规则接受者，在游戏开始之前他们通常必须讨论制定"规则"或计划，并讨论如何根据游戏进行调整。为了使讨论成功进行，他们必须掌握并使用一些谈判技巧。

例如，在下面的案例中，一个男孩描述了一个游戏计划，该计划保证了在游戏过程中不会发生打架等不愉快的情况。

> 一群孩子正在讨论玩攀岩器械的顺序，他们必须决定谁先去，谁下一个再去。好几个孩子都想第一个去玩。这时，明明说："一旦我们开始往前走，那么每个人都会成为第一个"，这意味着排在前面的孩子走后，下一个孩子总是"第一个"。当然，有些孩子对此表示怀疑，这是可以理解的。但是，一旦队伍开始移动起来，他们就会发现明明说的是对的，每个孩子都有轮到"第一"的机会。

这个例子展示了孩子们的协商过程，其他孩子都见证了明明提供解决方案并与其他人有效沟通的能力。这种情况不仅为明明提供了一个练习沟

> 孩子们可以在游戏过程中锻炼自己的表达能力，这是沟通的重要桥梁，有助于孩子们今后参与体育活动和其他以语言为基础的社会竞争活动。

通技巧的机会，而且为其他社会技能较低的儿童也树立了学习和效仿的榜样。

随着儿童年龄的增长，游戏也变得越来越复杂，儿童协商的规则以及方式也变得越来越复杂。贾维斯（Jarvis，2007a）甚至提出了一种"规则协商文化"，强调幼儿如何专注于制定和遵守自主游戏的规则（p.256）。

规则的提出通常离不开表达的过程，表达可以说是一种对幻想的描述，也可以说是对活动的解释，还可以说是一种增加事件发生概率的方式——所有这些都是通过语言来连接思想和行动。从发展的角度来看，孩子们可以在游戏过程中锻炼自己的表达能力，这是沟通的重要桥梁，有助于孩子们今后参与体育活动和其他以语言为基础的社会竞争活动。在学前阶段之后，孩子们的游戏会发生一个转变，从冲动、混乱、吵闹的游戏发展为更加正式的游戏，有简单的游戏规则（后来也会变得复杂），甚至是自定规则（Jarvis，2007a；Pellegrini，1989）。

有趣的是，表达能力通常存在相当明显的性别差异，这表明全身运动游戏要么有助于男孩和女孩不同的发展，要么展现了他们发展的不同，或者二者兼而有之。一项针对4—5岁儿童的研究发现，男孩和女孩创作的故事类型具有明显的性别角色差异（Jarvis，2007a）。女孩们所做的游戏往往表现出争相成为最好的孩子，而男孩们的游戏创作则强调了他们的坚忍。他们的故事情境中可能涉及很多动物角色、童话人物、大众媒体人物等，这为提升儿童的语言技能提供了大量的练习机会。

六、思考

全身运动游戏可以促进婴幼儿认知的发展，提高他们的问题解决能力、空间感知能力、注意力和成就感。

1. 婴儿期的运动和探索

全身运动游戏中的运动和探索活动都能促进婴儿的学习。基本的运动如慢速前进、爬行、坐、站以及其他身体活动，能够帮助婴儿了解自己的身体与环境的关系。有了身体探索活动的机会，婴儿只需环顾四周并在视觉和身体体验之间建立联系，就可以知道自己与其他事物之间的关系（Uchiyama et al., 2008）。

婴儿用手砰砰地敲击、投掷或咬住物体、挤压球、伸手去抓东西，说明婴儿有了好奇心，这是认知发展的标志。当我们支持他们的肢体动作时，我们也同时支持了他们的好奇心和学习能力（Honig, 2009）。

2. 学前期及以后：问题解决能力

有时，全身运动游戏需要进行复杂的决策，这就对儿童的问题解决能力提出了要求。在游戏中，解决问题是十分必要的，因为孩子们首先必须要集中注意力，然后计划、组织、安排，决定他们玩什么以及如何玩。一项针对学前阶段男孩的研究表明，与其他男孩一起进行活跃的社交游戏的时间长短能够预测一年后他们问题解决能力的高低（Pellegrini & Blatchford, 2000）。

活跃的社交游戏和问题解决能力的发展是如何联系起来的呢？假设一群学前儿童想要悬挂在梯子的横档上，实现这一想法就需要几个步骤。

他们首先看到梯子的横档（注意），然后开始讨论如何悬挂（计划）。这一动作很难实现，因为这需要孩子能够将一条腿跨过横档,然后将另一条腿也向上跨过横档,并且保持姿势。一个孩子先来尝试,他成功做到了。倒挂了几秒后,他用手抓住横档,摆动双腿,落在地上。然而,接下来的三个孩子都没有那么顺利。

他们讨论自己面临的困难,并决定向一直密切监督这项活动的教师寻求帮助(组织)。孩子们告诉老师他或她需要什么样的支持,比如"帮我坚持住"或"帮我把脚伸出来"(安排)。一个孩子在尝试几次后,觉得任务太难,最后决定自己爬下来(做决定)。

在打闹游戏中,孩子们必须思考很多内容,如:评估自己的能力;评估游戏伙伴的能力和相对大小、速度或力量;评估游戏伙伴的信号解读和妥协的能力;思考如何摆脱不舒服的处境;思考如何实现同龄人或大孩子所能实现的目标;说什么和如何说来提高游戏质量;如何帮助能力较弱的同伴;什么时候需要成人的帮助;等等。

打闹游戏为练习各种问题解决能力提供了独特的机会。看上去,锻炼这些能力似乎只是为了竞争和获取地位。而事实上,这些能力可以让儿童探索应对冲突调解与维持和谐关系的复杂情况（Holland, 2003）。打闹游戏的社会性成分对个人的发展、群体的和谐、同伴之间以及整个儿童群体的团结都有积极的影响。

3. 学前期及以后：空间能力

研究人员推测，儿童在选择体育游戏类型时的性别差异可能有助于揭示打闹游戏与认知发展之间，特别是与空间能力发展之间的联系（Bjorklund & Brown, 1998）。西尔弗曼和伊尔斯（Silverman & Eals, 1992）认为，古代劳动中的性别分工——男性更多地参与狩猎和航海活动，女性更多地参与食物制作活动——可能导致了男女在空间能力和体育游戏上性别差异的演变。

例如，男孩倾向于开展需要手眼协调的活动，如踢足球或爬树等；在需要心理旋转和涉及空间关系的认知任务上，男孩往往比女孩表现得更好。女孩往往在需要精细运动技能和物体位置记忆的任务上表现得更好（Silverman & Eals, 1992）。同样，在一项针对学前儿童的研究中，研究人员再次发现了空间能力的性别差异，儿童空间活动的游戏时间长短与其空间能力测试的表现之间存在显著的正相关（Connor & Serbin, 1977）。

某些类型的全身运动游戏需要较强的空间感知能力，比如，踢足球时需要估计踢球的角度和速度以使球到达某一位置，或者打篮球时需要一定的策略等。这些涉及全身运动的游戏有助于提高儿童的空间技能，而且拥有这些技能的孩子（无论男女）越多，他们整体的游戏表现就越好（Bjorklund & Brown, 1998）。

> 要利用不同的运动元素，如空间、形状、力量、连贯性、时间和节奏等，来鼓励孩子们探索多种运动方法。例如，如果孩子在操场或教室里跳跃，那就让他们试着变换花样：向后跳、向旁边跳或绕圈跳；跳远或跳近；中间停顿一下；速度或快或慢（Pica, 2006, p.78）。

男孩们的打闹游戏

在运动比赛中,运动员会祝贺对手干净、漂亮的击球。这种认知源于父亲带着孩子在地板上打滚的时候。

——里德和布朗(Reed & Brown,2000,p.335)

打闹游戏对所有孩子的发展都有好处,但打闹游戏对男孩似乎有着强烈而特殊的吸引力。男孩比女孩更频繁地参与打闹游戏,他们围绕这种游戏开发出男孩专属的游戏和文化。对于男孩来说,打闹游戏可能有独特的好处。

男孩比女孩更喜欢参与以身体接触为主的打闹游戏,这一点已经得到公认(Carson et al.,1993;DiPietro,1981;Humphreys & Smith,1984)。当然,也有很多男女混合的打闹游戏,但男孩更倾向于发起游戏,而女孩则会早早退出游戏(Fabes,1994;Meany et al.,1985;Pellis et al.,1996)。此外,从大约4岁开始,男孩倾向于建立男孩专属的游戏群体,而女孩倾向于将自己与男孩的游戏区分开来(Fabes,1994;Jarvis,2007a)。此外,当男孩被禁止进行全身运动游戏时,一旦有机会再次继续游戏,他们会比女孩玩得更活跃(Pellegrini & Smith,1998a)。

为什么会存在这样的差异?在一定程度上至少可以用生物学的原因进行解释。男孩的睾酮水平高于女孩,而研究发现睾酮水平会显著影响儿童参与体育游戏的数量(Hines et al.,2002)。还有可能是文化上的原因。因为男孩们需要练习捍卫自己的地盘,保护自己的领土;有些人甚至认为,这些游戏是成人民族主义和爱国主义意识的前兆(O'Donnell & Sharpe,2004)。贾维斯(Jarvis,2007a)研究了一群踢足

球的幼儿园男孩,并写道:

> 虽然我从未观察到孩子们进行过任何关于游戏区域的讨论,但在我观察期间,孩子们一直有明显的不同年龄班之间区域划分的意识;孩子们似乎对"他们的"领地的起点和终点有着坚定的、隐晦的共识。(p.251)

正如在前面认知思维一节中所指出的,男孩对体育游戏活动类型的选择与他们在空间技能测试中的表现之间也存在联系,这或许支持了关于打闹游戏的进化观点。

然而,对于男孩来说,打闹游戏最具吸引力的地方可能是只存在于男孩之间的社会动力学的互动——仅仅只是打打闹闹。男孩们互相学习如何关心和照顾他人,如何保护他人,如何维护和捍卫自己的成功,如何在乔丹(Jordan,1995,p.76)所说的"战士话语"中幻想和演绎故事,如何协商规则,以及如何以男性化的方式彼此接触。

我们一起来看看如下对从幼儿园到小学低年级一直玩"足球"的英国男孩的描述:

> 足球小组的男孩们会明确表现出对彼此的关心,并且不会排斥组内的其他成员。当罗里的手臂骨折恢复,刚刚拆掉石膏时,医生建议他一周之内不要参加足球比赛。而组内的男孩鼓励他加入比赛,示意大家传球给他,并在他拿到球时不要抢断他。研究人员还观察到一个微妙的信号,通常稍大一点的男孩会轻拍摔倒或受轻伤的男孩后背,而这一动作是足球运动员对彼此表示认可的信号。(Jarvis,2007a,p.252)

> 男孩之间存在着明确的指导与被指导的关系，年长或更善于社交的男孩会巧妙地教给年幼或不太成熟的男孩，如何用男性的方式流露出对他人的关心。在打闹游戏中，男孩们学会了在进球时欢呼雀跃、拥抱对方，但在对方受伤时就不可以这样做。他们还学习了如何避免尴尬的触碰（例如，不要牵手），以及在什么时候、以怎样的方式触碰朋友（例如，得分后或有争执后轻拍朋友的背部）。通过打闹游戏，男孩们学习并练习表达男性间亲密关系的方式，而这种亲密关系只适用于男性之间的友谊。
>
> 坚强是男孩获得社会成功的关键因素。它会影响到男孩在同龄人中的地位、受欢迎程度以及在同龄人群体中的角色（Hartup，1983；Pellegrini，1995；Strayer，1980；Vaugn & Waters，1981）。男孩们把打闹游戏作为一种独特的方式——既可以表现出自己的坚强，又可以在同龄人中建立自己的声誉。当前所有这些的前提都是维护彼此间的友谊。男孩必须学会如何在表现出他们更强壮、跑得更快的同时，知道如何控制自己的力量或速度，以免伤害身边的朋友。这是一个复杂的过程，随着儿童体力以及社交情感技能的变化，这一过程也一直处在动态变化之中。
>
> ——希瑟·比格·汤姆林森（Heather Biggar Tomlinson）

4. 学龄前及以后：关注与成就

比约克伦德和布朗（Bjorklund & Brown，1998）直言，"尽管打闹活动可能会引发社会后果，但其机制与数学机制一样，都涉及'认知'的成分"（p.604）。研究发现，剧烈的身体活动，即与无组织的全身运动游戏有关的活动，确实与认知和学习成绩有关（Tomporowski et al.，2008）。

全身运动游戏会让孩子们热血沸腾，思想活跃，或者更确切地说，这一游戏还能使思想安定下来；它能够使孩子们在学习时更好地集中注意力（Hillman et al.，2005；Shephard，1996；

> 长时间坐着会使人疲劳并降低注意力水平，而运动则会为大脑提供氧气、水和葡萄糖，从而优化大脑的表现（Pica，2006，p.112）。

Taras，2005）。成人既要鼓励儿童进行健康的全身运动游戏，包括定期有组织的体育锻炼以及每天至少1小时的持续的、适度的、无组织的体育锻炼，也要允许儿童安静下来：在经历了非常活跃的游戏之后，儿童往往会在较长时间内保持平静的状态（Scott & Panksepp，2003）。

一位幼儿园新教师分享了他的经历。

> 我全心全意地教学，但我不觉得孩子们真的在学习。他们不停地互相碰一碰，扯头发，在地板上打滚，随便站起来，玩他们的夹克和衣服。后来有一天，我告诉我自己，我已经尝试过传统的方式了，现在我要尝试我自己的方式。从那时起，我让班上的孩子们动起来。我们唱着歌在教室里转圈，学习一周有几天、一年有几个月。我们每天进行体育锻炼。我们借助身体动作如拍手、跺脚、跳、跑、扭动等来理解数学概念。我们用孩子们熟悉的嘻哈音乐练习跳跃式计数。几天之后，孩子们就能够在需要的时候坐下来听课了。他们没有碰对方、没有扯头发、没有在地板上打滚、没有站起来，也没有玩夹克和衣服。孩子们在快乐中学习，这时，真正的教学正在进行。

针对数千名儿童进行的最新研究结果表明，积极的体育活动和游戏有助于提升儿童的阅读和数学成绩（Grissom，2005；Stevens et al.，2008）。

正如前面所提到的，全身运动游戏似乎是一种充满活力、积极的游戏，而不是传统的体育课程——传统的体育课程可能不会提供剧烈运动，而研究发现,这种运动与更高的学业成绩相关(Coe et al., 2006)。自主的打闹游戏对孩子们的身心发展都有好处。

* * *

全身运动游戏是一种自发的游戏方式,它是喧闹、大声、充满活力、粗犷、生机勃勃的,而且总是有很多身体接触的,它为孩子们提供了全面发展的机会。

从出生起,孩子们就通过他们的身体收集了大量信息。他们了解自己,了解自己如何影响环境和他人。这种自我认识和对世界的感知奠定了儿童未来探索和学习的基础。这个基础建立在幼儿充分了解自己的身体、边界、力量、需求、能力和控制力的基础上,可以促进幼儿身体、社会交往和思维能力的发展,使他们在幼儿期甚至在一生中都能拥有健康、有益的经历以及成功的人际关系。

吊在单杠上、玩捉迷藏和踢足球都是很重要的事情，但真正重要的不是游戏的过程，而是在这一过程中能够有所发展。虽然孩子们需要粗犷、吵闹的游戏来保持身体健康，但他们更需要在这一游戏过程中了解与同伴之间复杂的社会交往，获得问题解决的经验，练习移情和谈判技巧，并且能够在需要时集中注意力。

正如下一章所讨论的，如果我们成人能够给予儿童时间、空间来鼓励他们进行安全的全身运动游戏，我们将会有很多收获。我们将看到孩子们的欢笑和活力；看到孩子们自发游戏时表现出的创造性；他们能够"狂奔"，也能安静地集中注意力坐着；他们对自己充满信心，也能够真诚地对待同伴。

第三章

开展全身运动游戏的策略

> 我允许班里出现打闹游戏。去年，我的班上有15个特别活跃的男孩，为了能让他们安全地游戏，我在草地上放了垫子，并且给了他们一些泡沫块，让他们自己去玩。在游戏开始之前，我和一位家长先做示范，向孩子们展示在与他人游戏时，该怎样观察对方的微小动作以便调整自己的行为，同时也向孩子们解释了相互碰撞时需要遵守的规则（不要握拳或出拳）。当一个孩子表现出困惑时，我和家长停止了示范，然后我们和孩子们一起来讨论怎样运用肢体语言。通过不断的练习和持续的指导，孩子们能够越来越安全地参与游戏。
>
> ——一位幼儿教师

即使教师明白什么是全身运动游戏，也了解它对儿童身体、社会交往和认知等诸多方面的好处，但是仍然有人不愿意开展全身运动游戏（Smith et al., 2004）。他们应该意识到，安全地进行全身运动游戏是完全可以做到的。因此，本章将主要探讨究竟该如何安全地开展全身运动游戏。

一、管控风险

由于担心儿童会受伤而禁止其进行全身运动游戏的做法，通常体现出人们对风险的误解。当然，教师和家长确实应该把孩子们的安全和幸福放在首位。但是，儿童在游戏中所面临的风险，以及他们为应对这些风险而必须解决的身体和社会问题，也会直接有利于他们的学习和发展。利特尔（Little，2006）写道：

> 如果成人不让孩子们参加具有一定风险的活动，孩子们也就没有机会学习了解和评估风险，而识别并且恰当地管控风险是孩子们需要掌握的重要生存技能。（p.151）

那么，"风险"是什么意思呢？尽管这一术语可能带有负面含义，但实际上，"风险评估处于连续的统一体上，它可以是积极的，也可以是消极的。找到恰当的、可接受的风险水平来管控风险才是真正正确的做法"（Mitchell et al.，2006，p.122）。

1. 积极的风险

例如，儿童爬绳梯存在着可能会掉下来的风险。如果绳梯有3米高，梯子下面是光秃秃的地面，那么儿童就很可能会摔伤。因此，此时爬绳梯的潜在风险中消极成分就会大于积极影响，所以我们并不赞成在这种情况下让儿童爬绳梯。然而，如果绳梯只有1.8米高，地上还铺着一层很厚的减震材料，那么这个风险就是积极的——它降低了发生重大人身伤害的可能性，提升了儿童在攀爬中提高身体素质、获得积极情感体验的概率。

> 调查显示，46%的教师不支持儿童进行打闹游戏（Logue & Harvey，2010）。

具有挑战性的全身运动游戏中蕴藏的益处大于其中潜在的受伤风险，它能够促进儿童的身体健康、社会情感以及认知的发展，所以很多高质量的早期教育中心都致力于给孩子们提供每日参加挑战性全身运动游戏的机会。利特尔（Little，2006）重申了这一观点：

> 早期教育工作者承担着促进儿童发展的责任……因此，教师有必要在积极和消极的风险形式间找到平衡点，使孩子们既能够学习、练习必要的技能，同时又能最大限度地降低受伤的可能性。（p.145-146）

为了应对风险管控这一挑战，一些早期教育中心试图完全消除风险——禁止任何可能存在安全隐患的活动或设备的使用。他们的重点是防止儿童受到任何伤害，而不是在给儿童提供具有适当风险活动的同时，防止他们出现严重的伤害事故（Little，2006；Stephenson，2003）。一位幼儿教师分享了他对这种过度保护的看法。

> 我最近带队开展了一个夜间的野外活动，在这一过程中任何危险都没有发生。24个孩子，没有一个掉进水里，没有一个碰伤或擦伤，也没有一个人哭。听起来这确实是一次非常完美的旅行！但我却不这样认为。如果是在几年前，可能会有人受伤需要缠绷带，也可能会有人受伤需要安慰：露露可能会跌伤，亮亮可能会滑倒，佳佳身上可能会有一个大口子，等等。但是，三个孩子都会说这是有史以来最棒的一次旅行！

有了适当的计划和监督，打闹游戏活动可以做到既安全又有趣。具体的策略将在后面的内容中进行详细讨论。

制度和打闹游戏

通常,州立监管机构并不支持冒险行为,而且会对不可避免的儿童的打闹游戏加强监管。例如,2011年11月,佐治亚州在儿童照护条例修正版中(Georgia Department of Early Care and Learning, 2011)规定,"工作人员不得参与,也不得允许儿童或其他成人参与可能会损害儿童健康和福祉的活动,这些活动包括但不限于马戏、打闹、摔跤搏斗……"(591-1-1-.03 Activities)。尽管这些规定都以保障儿童福祉为目的,但其中规定的班级规模和师幼比等与儿童福祉密切相关的内容(591-1-1-.32 Staff: Child Ratios and Supervision),高于全美幼教协会(NAEYC)在"标准10:领导与管理"中的规定。

为了可以在集体以及教室环境中开展全身运动游戏,要确保有足够高的师幼比,才能在游戏开展的过程中实现有效的监督。作为早期教育工作者,我们的部分职责就是为儿童争取属于他们的权益。我们可以了解一下所在地区相关部门对打闹游戏的规定,以及它在塑造高质量早期教育环境中所处的地位。如果有必要的话,我们可以做一些尝试来促进这些规定的修订,以便使所有儿童都能采取这种宝贵的游戏形式来开展游戏。

2. 风险和危害

通常在我们讨论风险,尤其是具有风险的活动对于儿童发展的价值时,一定要注意区分风险与危害。风险是指遭遇伤害或损失的可能性,它可以通过计划和监督加以管控;而危害则是指危险或灾难,是必须通过计划和监督予以避免的。

例如,让蹒跚学步的聪聪自己在房间里走是有风险的——他可能会跌

第三章
开展全身运动游戏的策略

倒、撞到头。但家长可以在一旁陪着聪聪，以便随时能扶住他，以此来控制这一风险。又如，让6岁的月月自己在车道上骑自行车也是有风险的，她可能会撞到妈妈的车，伤到自己。但妈妈可以在月月骑车时，把车停到路边或放在车库里来避免出现这一风险。然而，父母专注于打电话而让聪聪自己走，或让月月在拥挤的街道上骑车，都是非常危险的，这其中所涉及的风险就难以控制了。

对风险和危害进行区别是非常重要的。如果不进行区分，就容易把任何可能会伤害到孩子的活动都看作是危险的，并且禁止此类游戏的开展。然而，如果缺乏适当的监督，哪怕是常见的班级活动和材料工具也可能会对儿童构成危害。例如，积木可以用来搭建完美的三维结构造型，但当儿童用它来攻击他人时，其重量也足以给他人造成严重的伤害。三轮车可以帮助儿童发展平衡和踩踏的技能，但儿童经常会在骑车时摔倒，擦伤膝盖。其实，这种活动导致的风险都可以通过计划和监督来加以控制。因此，诸如此类的游戏具有的是需要管控的风险，而并无必要完全杜绝。

在提供打闹游戏时，为了有效地管控风险，教师和保育员可以做以下三件事情：①在课程计划中设置支持此类游戏的规章制度；②准备适宜的室内外环境，以确保儿童的安全；③提供支持和监督，使儿童在健康发展的基础上也承担必要的风险。

二、制定安全有效的全身运动游戏制度

制定相关制度对安全、有效地开展全身运动游戏来说至关重要。制度的内容应该涵盖各种游戏类型所需要的监管水平、时间安排，以及相应的幼儿教师培训，以便为全身运动游戏的开展提供支持。

1. 监管制度

众所周知，我们需要给予儿童充分的监管，以确保其活动尽可能的安全且能促进儿童的发展。监管不足——指的是相对于儿童的数量或发展水平而言，没有足够多的成人对儿童予以照管，或者哪怕有足够多的成人在场，但也存在疏忽和失误——是儿童受伤的主要原因（Morrongiello，2005）。

> 适当的、有益的全身运动游戏发生在精心策划的、安全的环境中，有足够的成人监督和参与，确保了儿童和成人双方的安全，会吸引孩子积极参与其中。

然而，彼得森（Peterson）等人认为，"目前，关于如何对各个年龄段的儿童进行适当的监管，人们还未达成共识"（Peterson et al.，1993，p.935）。他们在以母亲、教师和医生为对象的研究中发现，可以根据儿童的实际年龄和具体情形，将监管划分为三个水平，它们分别是：

● 间歇监管；

● 偶尔监管；

- 时时监管。

儿童从出生到4岁左右，需要时时监管。顾名思义，时时监管意味着儿童在任何一段时间内都不会无人监管。间歇监管是指儿童会有0~5分钟的时间处于无人监管的状态，这适用于儿童从时时监管到偶尔监管的过渡期。

一旦儿童进入学龄早期（5—8岁），在危险系数较低的情况下，偶尔监管或者0~15分钟暂时脱离监管则更为适宜。例如，8岁的儿童在车流量较小的街道上玩耍时，成人就无须时时关注。但是，在危险系数很高的情况下，例如在繁忙的街道附近或充满危险（有泳池、动物等）的院子中玩耍时，则要对该年龄段的儿童予以时时监管。详情请参见表3-1"全身运动游戏的监管水平"。

表3-1　全身运动游戏的监管水平

年龄和游戏类型	监管水平
婴儿期 爬 爬到另一个孩子身上 拖拉家具/设备，然后松手 在获得帮助的情况下行走 攀爬 在没有帮助的情况下行走	时时监管
学步儿期 翻滚 奔跑 追逐 攀爬 跳跃 紧随他人	时时监管

（续表）

年龄和游戏类型	监管水平
幼儿期 紧随他人 逃跑和追赶 在物体（如球）上滚动 攀爬 从固定设备上跳下来 摔跤	时时监管
幼儿期 奔跑 跳跃（宽阔地带）	间歇监管
学龄期 紧随他人 逃跑和追赶 在物体（如球）上滚动 攀爬 从固定设备上跳下来	间歇监管
学龄期 奔跑 跳跃（宽阔地带）	偶尔监管

在开展全身运动游戏时，难免会出现肢体的相互触碰，所以7岁或8岁以下的儿童在进行全身运动游戏时，应该受到时时监管。这不仅可以确保儿童的安全，便于其游戏的进行，而且可以给需要鼓励的儿童提供榜样和指导。

进行监管对于安全而有效地开展全身运动游戏非常重要，后面的内容还会详述其中的细节。

2. 时间安排制度

户外游戏在时间安排上应使儿童能从全身运动游戏中获得最大的收益。例如，如果儿童每天只能在户外玩一小会儿，那么就不太可能会进行持续的、具有一定活动强度的游戏。儿童的体力往往是爆发式的，持续时间较短，所以每天提供较长的游戏时间有助于他们开展打闹游戏（Bower et al., 2008；Cardon et al., 2008）。延长室内、户外的体育活动时间，将有助于儿童学习如何调节其活动，并达到理想的中高强度的活动水平。（室内运动游戏请参见附录A）

同时，在儿童早期也要考虑为其提供开展打闹游戏的机会。这样，当儿童进入小学后，之前开展打闹游戏的经验将有利于儿童安定心神，从而更好地进行学习活动。

美国国家体育运动协会（NASPE, 2009a）建议，婴儿每天都要进行有规律的运动以及大肌肉运动——既包括有组织的运动，也包括无组织的运动。对于学步儿来说，建议每天进行30分钟有组织的运动和至少60分钟无组织的运动。对于幼儿来说，建议每天至少进行60分钟有组织的运动和60分钟无组织的运动。美国国家体育运动协会还倡导，学步儿和幼儿每次的静坐时间不要超过60分钟，最好每隔1小时就让他们活动一下。这些活动能够使儿童有机会开展适当的打闹游戏，还能够提升儿童的注意力水平。

尽管在幼儿园和小学环境中，有组织的体育活动可以促进儿童特定运动技能的发展，但是无组织的游戏也能够支持儿童进行持续的、充满活力的运动，这

> 体育是教授儿童保持健康、开展健康生活的方式等的教育活动，包括知识和技能两个方面的内容。体育活动种类繁多，既包括发生在日常活动、休息时的运动，也包括进行娱乐活动时的运动。二者都对儿童的健康发展非常重要（Ballard et al., 2005）。

对儿童来说也是非常重要的。

3. 教师发展和培训制度

如果教师接受过正规教育或培训,了解游戏特别是全身运动游戏的价值,那么在这类教师的指导下,儿童更有可能以适宜的方式开展打闹游戏(Dowda et al., 2004)。这意味着,使教师支持全身运动游戏的一个关键步骤是,确保所有教师都接受过相关培训,都能够认识到这种充满活力的、无组织的体育活动的重要价值,并且知道如何促进此类游戏的开展。

然而,大部分教师的学习资源,包括对教师的专业发展培训中,都很少涉及怎样支持儿童的打闹游戏。浏览一下有关儿童发展的教材可以发现,通常都会有几页——有时甚至是整整一章——来专门讲述角色游戏(例如,孩子们在娃娃家中的合作游戏或者在建构区里的建构游戏),而对打闹游戏往往只是一笔带过(Berk, 2005;Trawick-Smith, 2010)。

> 65%的教师希望可以得到更多有关如何开展全身运动游戏方面的培训。

洛格和哈维(Logue & Harvey, 2010)的研究发现,65%的教师希望可以得到更多有关如何开展全身运动游戏方面的培训。即使是照护婴儿的教师们，也同样有这样的需求。一位教师写道：

> 我班上有两个小男孩，一个5个月大，另一个7个月大。7个月大的男孩总想去追5个月大的男孩。每次我们刚把大男孩放下，他就迅速地爬到小男孩的身边。在我看来，这显示了我们天生想要与人亲近的愿望，我们希望和亲近的人有身体上的接触。这是成长过程中一种非常自然的倾向，从儿童很小的时候就开始出现了。因此，教师需要学习如何支持这种愿望的实现。

为了帮助教师理解和支持儿童的全身运动游戏，管理者可以制定相关的教师学习手册，具体内容包括全身运动游戏的定义、全身运动游戏对儿童发展的价值以及开展这种游戏的相关制度（制度的范例请参见附录B）。管理者也可以与教师们讨论这种游戏，并让教师有机会坦率地说出自己的经验或担忧，这也将显示出管理层对这种游戏风格的重视与支持。

管理者可以提供相关培训——既可以是职前培训，也可以是在职培训——来帮助教师了解全身运动游戏的价值，以及安全开展这一游戏的方法（培训指南可参见附录C）。教师支持儿童在全身运动游戏中的学习，可以通过确保游戏过程中的监督、采用榜样示范来支持儿童的学习等方法。

三、创设环境

无论是室内还是室外的游戏，都能够促进儿童身体、认知、社交和情感的发展，所以我们应该为儿童提供丰富的环境，让他们有各种各样的机会去锻炼（Curtis & Carter，2005）。教师为儿童开展全身运动游戏所创设的环境展现了他们对儿童身体情况、社交能力和学习方式的理解程度。

> **关于物理环境的建议——全美幼教协会（NAEYC）**
>
> 全美幼教协会（NAEYC）在项目认证体系和标准中规定了高质量的学前教育项目应该为儿童发展提供怎样的环境。例如，全美幼教协会（NAEYC）在"项目标准9：物理环境（包括室内和户外环境）"中建议，生均室内可用面积应达到3.25平方米（35平方英尺），生均户外可用面积应达到6.97平方米（75平方英尺）。该标准还要求早期教育机构要具备儿童在室内和户外进行各种大型活动的条件。这些活动包括攀爬、绕圈跑、推拉等。此外，在儿童攀爬的地方，必须提供足够的地面覆盖物，以减缓任何可能的坠落所带来的冲击。

无论是布置室内还是户外的全身运动游戏环境，我们都要敏锐地注意到其中潜在的安全隐患。我们既要让儿童玩得尽兴，也要确保环境的安全性。多个国家机构，包括全美幼教协会（NAEYC）、美国消费品安全委员会（U.S. Consumer Product Safety Commission，CPSC）、国际材料与试验学会ASTM（以前称为美国材料与试验学会，American Society for Testing and Materials）以及50个州和哥伦比亚特区的儿童保教执照审批机构等，都为营造和维持安全的室内外环境制定了标准和指南，以便支持儿童开展游戏。

例如，在纽约，儿童保教机构应该根据儿童的年龄和发育情况，支持其进行爬、站、走、跑等动作，并且在有教师监管的情况下，允许儿童进行类似于攀爬这样的大肌肉动作（New York State Office of Children & Family Services，2010）。在得克萨斯州，只要教室里具备能够有效缓冲儿童坠落的减震垫，教师就应该在室内为儿童提供攀爬设备（Texas Department of Family and Protective Services，2010）。在伊利诺伊州，只要在地面上放置专门用于缓冲的减震垫，那么像攀岩和滑行这样的大肌肉运动就是可以进行的（Illinois Department of Children and Family Services，2010）。

1. 家具和设备

国家健康和安全性能标准（AAP，APHA & NRC，2002）提供了关于家具和设备的安全使用指南。美国消费品安全委员会（CPSC）的标准也提

需要避免的十五项安全隐患

经美国消费品安全委员会认定，国家健康和安全性能标准列出了与儿童意外事件发生密切相关的常见安全隐患：

1. 可能会困住儿童头部和四肢的缝隙；
2. 防护措施不到位的高空设备；
3. 可攀爬设备下面和周围缺乏特定的减震垫和坠落区域；
4. 设备的尺寸和设计不符合标准；
5. 设备间距不足；
6. 有绊倒的危险；
7. 可能会挤压到身体；

> 8．已知存在危险的设备（如大型秋千）；
>
> 9．尖角；
>
> 10．碎片；
>
> 11．突出的钉子、螺栓或其他可能会缠住衣服或划伤皮肤的零件；
>
> 12．松动、生锈的零件；
>
> 13．在正常、合理使用的过程中可能会发生脱落，导致儿童窒息、吸入或摄入的危险零件；
>
> 14．油漆脱落；
>
> 15．油漆中含铅或其他的有害物质。
>
> Reprinted from AAP, APHA & NRC, *National Health and Safety Performance Standards: Guidelines for Out-of-Home Child Care*, 2nd ed., 2002, p. 217.

出了确保设备和家具安全的要求（见"需要避免的十五项安全隐患"）。

在规划支持全身运动游戏的户外环境时，要确保为儿童提供足够开阔的区域。当儿童进入宽敞且开阔的空间时，他们会更频繁地、以更适宜的方式参与全身运动游戏——建立并遵守规则、和同伴轮流玩耍。尤其对于男孩来说，空间越大，他们会玩得越尽兴（Cardon et al., 2008；Fry, 2005）。当户外环境的空间结构较为松散，固定设备较少时，大型设备（如攀爬架）就会促使儿童开展打闹游戏。长满草的小山丘可以让儿童进行翻滚和攀爬，也有利于儿童进一步开展这类游戏。

如果操场上有像攀爬架这样的大型设备，那么儿童就可能想从其上面往下跳。此时，要确保每个设备的下方和周围区域都有足够安全的减震垫，来配合儿童的跳跃动作。教师还要指导儿童如何安全地进行跳跃——在着陆时要双脚并拢，膝盖弯曲（KidsHealth, 2008）。

教室内也应提供充足的地面空间，让儿童尽情地游戏。开放的室内区域可以进行各种大型的全身运动游戏，如滚球、摔跤、跳远等。当室内空间过于狭窄或者存在障碍物时，就会妨碍儿童游戏的积极性（Finn et al., 2002），研究还发现，当生均可用面积小于2.32平方米（25平方英尺）时，儿童往往会表现得更具有攻击性（Pellegrini, 1987）。如果要给两个儿童充足的空间开展全身运动游戏，那么至少需要4.64平方米（50平方英尺）左右的可用空间。依此类推，4个儿童则需要9.29平方米（100平方英尺）的可用空间。

教室内家具和设备（如桌椅、玩具柜、积木架、画架或感官桌等）的布置应注意为儿童提供足够的自由活动空间。如果家具或设备比较靠近为打闹游戏而预留的空间，那就要确保家具没有尖锐的棱角。还应把家具牢牢地固定住，以免儿童将其推翻。此外，所有地板都要做防滑处理，并且有相对柔软的覆盖物，以减缓坠落带来的冲击。如果教室里有便携式攀爬架，它的下面应该有专门的减震物品，如减震垫或脚垫，常规的地毯或地板都

不能保障儿童从此类设备上跳下来的安全性。

有的教师发现，在教室里划出一个特定的区域，非常有利于开展全身运动游戏。一位教师分享了她在教室里建立摔跤区的方法。

> 首先，将该区域中所有的家具或设备都清理出去。接下来，用厚实的被子和枕头来界定这一区域。设置好区域后，将此游戏区的游戏规则张贴在该区域内或附近的地方。

如果环境是为婴儿提供的，那么游戏环境的准备就要有明显的不同。应该提供一个大的、开阔的地面空间，让婴儿自由探索。如果可能的话，要将这个开放的区域与睡眠区分开，以便支持婴儿活跃地甚至是吵闹地探索。要避免用一些物品（发条或电池驱动的秋千、婴儿围栏）或安排监督员等来"约束"婴儿。这些会干扰婴儿的主动探索，无法促进其积极的发展（Greenman et al., 2008）。相反，要让婴儿自由地在地上玩耍，要给他们提供形状、颜色和质地多样、安全、可入口的物品。可以把这些物品放在稍微远离婴儿的地方，以便激发其往前爬，伸手去够这些物品。另外，还应该给婴儿提供多样的大型物——倾斜的空心积木、大橡皮球、结实的管子、运动垫——这样婴儿就可以在这些物品上爬来爬去。

教师可以和婴儿一起躺在地板上，让他们在你的身上爬一爬；也可以让孩子们彼此之间靠得近一些，以便他们可以一起玩耍，但是一定要予以监管，确保孩子们的安全。

2. 安全覆盖物

幼儿绕过其他人，爬上滑梯、梯凳、积木、阁楼……儿童在婴儿期就开始学着攀爬，那时他们能够让自己扶着东西站起来，并保持身体直立。尽管儿童爬行的动作总会让成人很担心，但是这一动作确实有助于发展儿童的四肢力量、协调感、平衡性、身体意识和自信心。

当然，儿童攀爬时，难免会蹦蹦跳跳或不小心从高处摔下来。此时，减震物有助于保护儿童的身体，减缓落地的冲击。因此，为了尽量避免儿童在室内受到严重伤害，教师要确保所有地板都是防滑的，并且确保地面上有减震覆盖物，以减缓坠落带来的冲击。表3-2"配合全身运动游戏的举措"给各种室内和户外游戏活动推荐了相应的安全地面。

表3-2 配合全身运动游戏的举措

奔跑	室内：限制奔跑 户外：防滑地面，例如再生橡胶、草地（天然或人造）、就地浇筑；避免水泥地面
跳跃	室内：防滑地面 户外：防滑地面，例如再生橡胶、草地（天然或人造）、就地浇筑；避免水泥地面
跳远	室内：防滑地面 户外：防滑地面，例如再生橡胶、草地（天然或人造）、就地浇筑、沙坑；避免石子地和水泥地
翻滚	室内：摔跤垫、地毯、地板；要确保翻滚区域内没有障碍物 户外：除水泥地以外的任何地面
纵跳	室内：禁止从高处往下跳 户外：0.15～0.3米厚的土壤层、木屑、细沙或者不超过1.5米厚的细碎石
攀爬设施	室内：禁止攀爬建筑物，除非同时满足以下条件—— 1. 该设备就是攀爬架 2. 在攀爬架（不包括阁楼）的下方和坠落区域有足够的减震覆盖物 户外：有0.15～0.3米厚的土壤层、木屑、细沙或者不超过1.5米厚的细碎石
摔跤	室内：摔跤垫、地毯、地板；要确保该区域内没有障碍物 户外：除水泥地以外的任何地面；沙地是否适合目前仍然存疑

对于户外游戏空间,美国消费品安全委员会(CPSC,2005)的建议如下。

- 确保操场设备周围的表面至少有0.3米(12英寸)厚的覆盖物,如木屑、土壤层、沙子、细碎石或者用通过安全测试的橡胶或类似橡胶材料制成的垫子等。
- 覆盖面的面积应当大于游戏设施的面积,从游戏设施各个方向要至少延伸1.83米(6英尺)。安装秋千时,要确保秋千支架前后的宽度是悬杆高度的两倍。
- 高度超过0.76米(30英寸)的游戏设施之间,间距至少为2.74米(9英尺)。

室内外覆盖物的厚度都应符合美国消费品安全委员会的标准,以防止儿童因跌落而造成的伤害(见表3-3)。

表3-3 不同地面的坠落高度

材料类型	0.15米 (6英寸)厚	0.23米 (9英寸)厚	0.3米 (12英寸)厚
双层树皮	1.83米(6英尺)高	3.05米(10英尺)高	3.35米(11英尺)高
木屑	2.13米(7英尺)高	3.05米(10英尺)高	3.35米(11英尺)高
细碎石	1.83米(6英尺)高	2.13米(7英尺)高	3.05米(10英尺)高
细沙	1.52米(5英尺)高	1.52米(5英尺)高	2.74米(9英尺)高

Reprinted from U.S. Consumer Product Safety Commission, *Home Playground Safety Tips*.

少一些（游戏设备），多一些（全身运动游戏）

众所周知，当儿童进入宽敞、开阔的空间时，他们会更频繁地、以更适宜的方式参与全身运动游戏——自觉制定并遵守规则，和同伴轮流游戏。而操场的空间结构更为松散，固定设备（如攀爬架）较少，因此这样的环境会促使儿童开展全身运动游戏。

佐治亚州玛丽埃塔市生命大学附属幼儿园名为"BrightLIFE[①]"，这所幼儿园的户外游戏区支持儿童进行全身运动游戏（反映了该大学推崇的哲学理念——"我们的身体在自发成长中发展先天的智慧"）。他们的具体做法如下。

"BrightLIFE"的草坡可以支持儿童的全身运动游戏。孩子们可以在草坡上来回跑，也可以从草坡上滚下来，还可以在草坡上拍球。

[①] 中文意为"闪亮生命"。——译者注

固定的树桩也可以用来开展全身运动游戏。孩子们可以在上面攀爬、行走、跳跃。

路堤上的滑梯可以供孩子们爬上、爬下或者滑下来。不用担心滑梯会掉下来，因为它是安装在草坡上的。它为幼儿提供了更多的独立操作的可能性。孩子们也可以坐在滑梯旁边的草坡上，一前一后地往下滑。

第三章
开展全身运动游戏的策略

在蜿蜒的人行道上，孩子们可以骑三轮车、跳房子或进行四方形游戏。孩子们也可以在水泥地上练习拍球。

草地可以支持和促进儿童多种动作（如摔跤、翻滚、跑步、追逐、旋转、跳舞、跳跃、跳绳和单脚跳等）技能的发展。

四、支持全身运动游戏

本章之前所讲述的内容为尽可能降低风险、安全地开展全身运动游戏提出了一些基本要求,但是遵守安全准则并不等于仅仅设置一个有利的环境。除了制定规章制度,创设有利于儿童探索的安全环境以外,有效开展全身运动游戏的第三大要素是:教师的支持和监管。

1. 教师的积极性

正如之前提到的,如果教师接受过有关全身运动游戏价值的正规教育或培训,那么儿童就有可能玩得更加尽兴,并且更有收获。但同样的事实是,当负责监管的成人表现得更加活跃、更具有积极性时,儿童也会玩得更加开心,并且以更适宜的方式开展游戏(Bower et al., 2008;Cardon et al., 2008)。研究者有一个非常重要的发现,即女教师往往倾向于站着不动或坐着来监管儿童游戏(Cardon et al., 2008)。这种做法不仅不便于监管儿童的游戏,而且会阻碍儿童进行高水平的游戏。尤其是对于女孩来说,她们往往喜欢挨着教师活动,这样她们的走动就更少了。因此教师就应该四处走动,跑起来,做一些攀爬、接抛类的动作,或者故意摔倒在地上。总之,教师应该首先动起来,以鼓励女孩们一起这样玩。

> 通常,女教师会更重视儿童社交技能的发展,男教师会更重视儿童身体技能的发展。而全身运动游戏恰恰可以调和男女教师双方的需要。

相比之下,男教师往往很重视全身运动游戏,并且更加愿意参与儿童的游戏(Sandberg et al., 2005)。一位男教师写道:

我是这所幼儿园里唯一的男老师。我注意到,幼儿园里大多数女老师在户外活动时都不怎么活跃。她们通常都是站在一边看孩子们怎么玩。而和孩子们在一起时,我最喜欢的就是和他们一起跑来跑去。孩子们(包括女孩们)也很喜欢跟着我一起跑。但是,如果有女老师站在旁边,女孩们就会选择跟女老师站在一起。其实,我觉得女孩们是愿意跑来跑去的,她们也非常愿意我在后面追她们。

当教师和儿童一起奔跑,或者近距离观察儿童的攀爬和跳跃或者也去参与攀爬活动时,教师就会拉近与儿童之间的距离,这样也更有利于教师观察监督孩子们的游戏。如果教师们在儿童游戏时,只是站在操场上一起聊天,就可能会阻碍儿童开展全身运动游戏,而缺乏适当的监管也会使儿童面临受伤的风险(Olsen et al., 2011)。

2. 和儿童一起制定游戏规则

如果成人可以和儿童一起制定简单、明确的游戏规则,那么儿童的全身运动游戏就会更加富有成效,也更易于管理(Flanders et al., 2009)。允许儿童参与游戏规则的制定有助于他们理解和遵守规则。这些规则既包括开展单纯打闹游戏的规则,也包括开展器械类全身运动游戏的规则。

例如,班级中可以为儿童摔跤制定以下规则:摔跤时要站好,双膝弯曲,胳膊应放在对方的肩膀和腰部之间,不能放在对方的脖子和头上。器械类的全身运动游戏的规则是:规定好一天玩滑滑梯,一天玩爬滑梯;只有在确认没有人从滑梯上滑下来时才能从滑梯底部爬上去;只能在固定好的设备上往下跳,不能从晃动的设备(如秋千)上往下跳。打滚的规则是:只能在有围栏或者远离街道的山坡上打滚。而在室内翻跟头时,必须在垫子上进行,而不能在光秃秃的地板上进行。

幼儿园打闹游戏
——促进儿童在全身运动中学习与发展

一位幼儿教师分享了孩子们的打闹游戏以及规则如何影响这种游戏。

有几个大一点的男孩在一起玩打闹游戏。刚开始他们玩得还很高兴，但渐渐地就有一些受伤的情况出现，那么行为的性质可能从游戏升级为打斗。这种情况在任何类型的游戏中都有可能出现。孩子们受伤的程度虽不严重，但也足以让人们注意到这种游戏的风险。

然而，我们并没有因此限制这种游戏的开展，因为我们认为这种游戏在孩子们之间是非常常见的，对他们的发展也是非常重要的。也许对男孩来说更是如此，所以我们尝试一起制定这类游戏的规则。我把孩子们召集到一起，讨论需要制定哪些规则来保证游戏的安全性。我把商定的规则写了下来。此外，孩子们认为还需要一名裁判进行监督，以确保每个人都能遵守规则。我们也划定了一个专门的区域来开展这种游戏，在该区域里放上垫子等缓冲物。在之后的打闹游戏中，孩子们玩得都很开心，而且感到很安全。我把这些经历记录了下来,分享给了同事和孩子们的家人。

项目"一个属于我们自己的地方"(A Place of Our Own,2007)制定了一些进行摔跤的游戏规则:
- 禁止攻击;
- 禁止捏掐;
- 手要放在脖子以下,腰部以上;
- 只要他人说出或发出表示"停止"的信号,就要立即"停止"摔跤;
- 不要进行过激的打闹行为;
- 游戏者可自主选择暂停或离开游戏。

把你和孩子们一起制定的规则写在海报上,并把它们粘贴在特定的游戏区域附近。教师可以给儿童进行规则示范,以便儿童进行模仿;还可以教儿童如何观察他人的面部或其他非语言线索,以便及时察觉到同伴的不适。

3. 鼓励儿童观察他人的感觉,认识自己的承受能力

儿童,包括婴儿,都可以从各种类型的全身运动游戏中获益,即便在这一游戏过程中可能有轻微的不舒服的感觉。当然,成人不会允许任何一个儿童受到伤害。但是,与其一味地禁止所有可能让人不舒服的全身运动游戏,不如考虑一下如何以更安全的游戏方式去促进儿童的学习与发展。

通常情况下,如果婴儿在与他人互动时表现出了不舒服的感觉,尤其是发生哭闹的情况,父母或照护者就会立刻制止婴儿的游戏。但是在全身运动游戏中,更好地帮助婴儿发展移情能力的方式是,把婴儿的注意力吸引到他人的感觉上。例如,在第一章里依依和洋洋互动的例子中,照护者

李老师可以帮助依依注意到她的动作以及带给洋洋的反应。

李老师对依依说:"你看,你压到洋洋的胳膊,洋洋就哭了。我觉得他不喜欢你压到他的感觉。"依依翻到一边去了,李老师接着说:"你看,洋洋不哭了。"

对于大一点的孩子来说,教师也可以在全身运动游戏中提高他们的意识水平。当一个大孩子和一个小孩子摔跤时,大孩子可能不会意识到自己稍大的体形和力量可能会影响小孩子的游戏意愿。当小孩子使劲推搡表示想站起来时,大孩子反而可能会压得更重。这时,如果简单地禁止儿童游戏,就会剥夺儿童学习如何克制自己(设置自我障碍)以便他人参与游戏,以及如何进行自我表达的机会。

教师可以通过观察儿童的面部表情和肢体语言,来及时发现儿童是否出现身体不适,并且可以就自己的观察结果与其他孩子进行交流。

当你密切观察儿童的游戏时,可以用一些词语来表达儿童的非言语行为。例如,在出现上述情况时,你可以说:"佩佩,强强在推你!他想要站起来!"如果大孩子需要帮助,你就帮忙把他扶起来,并说明理由:"因为你比他重,所以强强会觉得你压得他不舒服。"同时,也要鼓励小孩子勇敢地说出自己的感受。此外,你还要帮助孩子尝试解决不同的问题,例如:"你们怎么玩才不至于弄疼对方呢?"

下面是一位幼儿教师关于儿童识别他人信号的观察记录。

在室内的大肌肉运动时间,两个男孩在垫子上滚来滚去。过了一会儿,其中一个男孩停了下来,骑在另一个男孩的背上。上面这个男孩伸手抓住下面男孩的左腿,并往后掰。下面的男孩痛苦地大叫了一声。上面的男孩说:"你数1—2—3。"当下面的男孩哭起来时,上面的男孩才下来放他走。然后他们交换位置,开心地继续游戏。

教师应该鼓励儿童正确认识自己的承受能力，并学会保护自己，如说"我受够了"或"这太粗暴了"等。教师可以引导儿童意识到自己的承受范围，什么时候自己会感到疲倦或不舒服。然后，教师可以为儿童提供角色扮演的机会，让儿童在游戏中练习用确切但不具有攻击性的语气来告诉同伴，"我不想玩了"。

4. 监督全身运动游戏，确保每个儿童从中获益

对全身运动游戏的监督策略可能会因儿童的不同而有所区别。例如，教师在实践中可能会发现，他们需要对男孩和女孩、被社会排斥的儿童、来自不同文化背景的儿童以及不同能力的儿童使用不同的支持策略。只有因材施教，教师才可以丰富每个儿童的游戏体验。

（1）根据性别需要，优化监管方式

"虽然所有'儿童'都拥有学习的能力，但并不是所有'儿童'都具有同样的安静学习的能力"（Logue & Harvey，2010，p.33）。这一说法似乎尤其适用于男孩，因为他们通常具有更高的活动水平，更愿意进行打闹游戏（Benenson et al.，2008；DiPietro，1981；Humphreys & Smith，1987；Scott & Panksepp，2003）。48%的教师说，他们一天或一周内总会多次叫停或改变男孩的游戏，但他们阻止女孩游戏的次数不到阻止男孩游戏的次数的1/3。

过去20年里，男孩的学习成绩总是落后于女孩。其中的关键可能在于，提高男孩学习成绩的办法不在于只是"强迫"男孩去学习，而是要采用适合其特点的学习方式。而全身运动游戏对儿童的发展具有促进作用，如可以提高儿童的语言表达能力和社会交往能力，所以为男孩提供大量全身运动游戏的机会，对男孩的短期和长期学习成绩都有所助益。当前，教师应该密切观察男孩的全身运动游戏，以确保这一过程的安全性和适宜性。

> 适度的体育活动可能是在球上滚来滚去，玩各种各样的捉拿游戏，或者爬上滑梯再滑下来。剧烈的活动可能是追逐、攀爬和跳跃，或者爬上一个小山坡然后滚下来。

和男孩一样，女孩每天也需要进行中高强度的、无组织的全身运动游戏。正如我们所观察到的，如果教师能够积极地参与全身运动游戏，那么女孩们也更有可能参与其中。教师可以扮演一个专注的、乐在其中的游戏者的形象——活跃在奔跑、投掷、旋转、跳跃、单脚跳等游戏中，来鼓励女孩们参与游戏，但当她们玩起来的时候，教师就要后退一两步，给女孩们留出充足的游戏空间。总之，教师需要恰当地把握其中的距离：既要近一些，便于监控她们的游戏；又要远一些，让她们舒服自在地开展游戏（Bower et al., 2008）。

（2）对经历过社会性排斥的儿童给予支持

在游戏的参与者中，如果有孩子经历过社会性排斥，那么打闹游戏发展成攻击性行为的可能性就增加了24倍（Schafer & Smith, 1996；Smith et al., 2004）。因此，教师对游戏的监控至关重要。如果游戏升级为攻击性行为，那么通常可能是因为：①儿童缺乏沟通技巧；②儿童缺乏轮流意识。

经历过社会性排斥的儿童可能缺乏必要的语言和非语言沟通技能，不能理解对方释放出的口头语言、肢体语言和身体信号的含义，这使得他们难以进行打闹游戏。一位幼儿教师分享了下面的故事。

> 四个男孩正在用磁力积木玩搭建游戏。一个男孩从另一个男孩那里拿走了一些磁力积木，然后这个游戏就变成了一个互相爬到对方身上，试图把磁力积木抢回来的游戏。他们都在开心地大笑。这时，一个男孩走过来，拿起一块磁力积木打了玩抢夺游戏的一个孩子。四个男孩的笑容马上消失了——他们看起来很生气。接着，他们开始对新来的男孩大打出手。当时他们都感到很

沮丧。

在这个场景中,走过来用磁力积木打别人的孩子误解了其他孩子的面部表情和他们打闹的意图。他认为,那两个孩子的打闹就是在进行真正的打架,所以他也可以参与进来,于是就拿磁力积木打了其中一个孩子。他分不清楚两个男孩抱在一起抢对方的磁力积木和自己用暴力抢夺对方磁力积木之间的区别。

经历过社会性排斥的儿童可能会将他人的某一动作或行为视为一种宣战或威胁行为。如果一个小朋友突然转向他,他就可能将其视为一种攻击,或者一个小朋友在路上轻轻地推了他一下,他也可能认为这个小朋友是在打他,并会予以反击。一位幼儿教师写道:

> 我们幼儿园里有一个4岁的男孩叫龙龙。有一天,龙龙在教室里走的时候,另一个4岁的孩子正在地板上打滚。这个孩子的两条腿直挺挺地翘在空中,然后左右乱晃。龙龙走过时,地上男孩的一只脚碰到了龙龙的腿。
>
> 于是,龙龙就停下来扑向那个男孩,并且开始打他。我马上介入阻止了龙龙打人的行为,并向龙龙解释说那个男孩并不是要踢他——他只是在地上打滚而已。然后,我还教给龙龙绕过那个男孩的方法。后来,当龙龙在运动区游戏时,我也鼓励他躺在地板上,在空中挥舞他的双腿。

经历过社会性排斥的儿童可能也缺乏轮流(互惠)的社交技能。他们通常并不理解在游戏中需要互让互谅,这样可使每个人都有游戏的机会。

教师应该特别关注支持那些不善社交儿童的全身运动游戏。既要鼓励他们和其他儿童一起玩耍,也要让其他儿童接受他们,以便他们可以在游戏中提高自己的语言和社交技能。教师在监督经历过社会性排斥的儿童进

幼儿园打闹游戏
——促进儿童在全身运动中学习与发展

> 教师在监督经历过社会性排斥的儿童进行游戏时，保持的距离要比监督善于游戏的孩子更近。

行游戏时，保持的距离要比监督善于游戏的孩子更近。

如果你看到一个经历过社会性排斥的儿童可能误解了其他儿童的意思或做法时，就要及时进行干预。例如，在追赶游戏中，如果一个儿童的手不小心碰到了另一个儿童，而这个儿童却认为对方是在打他，这时教师就要立刻停止游戏，并向儿童解释："他只是不小心碰了你一下，并不是要伤害你。轮到你追他的时候，你的手也有可能会碰到他。"可以给儿童提供一些解读他人行为的建议（"你看到东东和圆圆摔跤时都在哈哈大笑吗？他们一定玩得很开心！"）。给儿童提供角色扮演的机会，帮助他们学着将某一动作往中立或友好的方向去理解，而不是理解为攻击性行为，并且帮助儿童练习如何用语言，而不是用打人的方式来表达自己想要停止游戏的意愿。

下面是一些方法。

- 指导（"月月，轮到你的时候，要尽量轻一点。像这样……你看看这个动作有多温柔，拍得太狠就容易伤害到别人。"）
- 帮助儿童理解对方的反应（"乐乐，看！平平的脸越来越红了！我觉得你得先放开他一会儿，让他喘口气。"）
- 解释并示范分享和互惠行为（"婷婷，下一个就到你了——浩浩跳下去之后你就跳。"）

这些方法将帮助那些经历过社会性排斥的儿童继续参与游戏，并最终提高他们的语言和社交能力。需要注意的是，教师的干预不应该是禁止游戏的开展，相反，应该是帮助儿童更好地理解游戏，以便游戏可以持续进行。

如果缺乏密切的监管、示范和指导，那么社交技能较弱的儿童在打闹游戏中很快就会失控。但是，如果有教师的支持，那么这个游戏就会帮助他们理解对方的信号，学习互惠或轮流以及口语交流的技能。这些技能对于儿童有效地参与各种类型的游戏都非常重要。

如果你非常担心班里会出现攻击性行为，马洛伊和麦克默里·施瓦茨（Malloy & McMurray-Schwarz, 2004）提出了以下建议。

- 首先确定这种行为是否真的具有攻击性（见第一章中介绍的打闹游戏和真正的打架行为之间三个主要的区别）。
- 劝说家长禁止儿童观看充满暴力的电视节目，禁止儿童玩暴力性玩具。
- 和儿童讨论他们的打架行为，以及这一行为给同伴造成了哪些影响。
- 重组儿童游戏群体，让社交能力强和社交能力弱的儿童共同游戏，以便让前者为后者提供良好的行为示范。
- 指导和支持儿童冲突的解决。
- 避免完全禁止游戏的做法。相反，教师应该通过使用开放式道具，以及进行持续的监督来促进儿童对游戏的持续参与。

（3）适应游戏中的文化差异

如果班里的儿童具有不同的文化背景，那么教师就要格外注意这种个体经验对于开展全身运动游戏的影响。例如，一个几乎没有或者很少进行剧烈活动的儿童在刚开始参与这种游戏时可能会感到不舒服，相比之下，他们更愿意与同伴进行温和的肢体接触。一位6岁女孩的姨妈分享了如下这段经历。

> 思思是女孩，而且是家里唯一的孩子。无论是在婴儿期还是幼儿期，她都没有进行过剧烈的全身运动游戏。当地的孩子们也都是和其他孩子一起玩温和的游戏。所以，当她来美国看望她的表亲，也就是我的孩子们时，发生了这样一件事情：我的孩子们想和思思一起玩打闹游戏，但她不知道该如何回应。于是，思思

就哭着跑开了。我试图告诉我的孩子们,和思思玩时,要温和一点——要去温柔地抱抱她,而不是抓着她去摔跤,向她抛球时也要注意力度,不要直接使劲砸向她。尽管思思现在还是很害怕,认为她的表亲很粗鲁,但我希望终有一天她愿意和他们一起玩。

无论身体素质是好是坏,所有儿童都应该在操场上接受锻炼和挑战:他们需要有机会挑战新的高度,需要有机会疯狂地奔跑。他们需要风险的刺激,需要做好准备去迎接新的刺激与挑战(Greenman, 2007, p.290-291)。

教师注意观察儿童的面部表情和肢体语言,可以及时发现儿童在游戏时的不适,然后将自己观察到的内容与其他儿童分享。教师要引导儿童培养轮流意识,帮助他们理解其他儿童发出的信号,这些都会让儿童更加舒服地进行游戏。

(4)支持不同能力的儿童

对于残疾儿童或发育迟缓儿童来说,进行全身运动游戏的强度要低于正常的儿童。残疾儿童在游戏中往往更加被动,他们看得多、玩得少。然而,有特殊需求的儿童和发育正常的儿童一样,也偏爱进行活跃的全身运动游戏,也有同样的身体发展需求(Case-Smith & Kuhaneck, 2008; Prellwitz & Skar, 2007)。教师应该通过提供积极的监管,并鼓励儿童尝试用崭新的、具有挑战性的方式来进行身体活动,以确保所有儿童都有开展全身运动游戏的机会。

如果一个正常的儿童在将近2米高的绳梯上爬上爬下,教师的监管任务包括:与儿童保持一个相对较近的距离,以便托举儿童爬上绳梯;在儿童爬绳梯时,扶住绳梯以保持平衡。但是,对于一个残疾或发育迟缓的儿童来说,他们所要达到的目标可能仅仅是把一只手或一只脚放在绳梯上面。而此时教师的监管任务是,当残疾或发育迟缓的儿童移向绳梯并向上攀爬时,要给予支持来帮助儿童运动,为儿童提供力量、帮助其保持平衡。

对于残疾儿童或发育迟缓的儿童来说,教师需要确定什么样的目标才是最适合他们的、如何实现这些目标,还需要了解儿童目前所具有的能力水平,以及教师可以为他们提供哪些帮助。对于具有特殊需要的儿童来说,本章前面介绍的设置安全游戏环境的方式,也是非常重要的。

五、与家庭的沟通与合作

如果管理者、教师和家长可以团结合作、相互配合,那么儿童就会更加茁壮地成长(Keyser,2006)。为了让儿童感受到大家对于开展全身运动游戏的支持,建立这样一种合作关系就显得至关重要。如果家庭和学校都能坚持采用正确的、适合儿童发展的做法,那么儿童就会从这些游戏中获益良多。下面这个例子提到了教师和家长如何支持两个孩子进行打闹游戏，从而让孩子们获得了丰富的游戏体验和深厚的友谊。

有一年，小班里有两个稍微大一点儿的男孩。在内驱力的作用下，他们很快就在一起玩社交游戏，而此时其他的小男孩还在进行平行和联合游戏。这两个大男孩会扮演海盗、坏人和太空人，会用棍棒当武器来进行打闹，互相追逐。他们在游戏中表现得很快乐，互相配合得也很好，经常在一起玩。他们的家长也很感激我们允许他们这样玩，而不是试图去约束他们。

教师可以向家长解释全身运动游戏的优势所在，以及如何开展全身运动游戏，还要鼓励家长在家里和孩子一起玩游戏。

1. 加强家长对全身运动游戏的理解

除了担心孩子们在打闹游戏过程中可能存在风险以外，教师也会关注家长对这种游戏持有的态度。一位幼儿教师记录道：

一些父母可能还没有意识到，儿童是通过游戏学习的。如果这些父母恰巧看到他们的孩子正在玩打闹游戏，可能就会觉得他们是在打架。他们肯定不会理解他们的孩子正是通过这种游戏来学习社会行为的。

> 在工业化国家，最晚到两岁，儿童就开始和父母频繁地玩打闹游戏。

如果全身运动游戏在班级的课程项目中是一个非常重要的部分，那就要确保家长们也能认识到这一点，并且知道教师为什么要支持此类游戏的开展。与家长沟通的最佳时间就是在儿童对开展此类游戏非常感兴趣的时候或是开学前一天，比如开放参观日。你可以采用如下多种方式来表达你对此类游戏的支持。

- 在家长手册中介绍相关内容，包括开展全身运动游戏的制度规定，学校是如何支持和监督这一游戏的。（制度的范例请参见附录B）
- 给家长致信，说明全身运动游戏的含义以及价值所在。（致信的范例请参见附录D）
- 拍摄类似于本书中呈现的那种照片，并在家园联系册中进行展示，向家长直观地展示儿童正在进行的全身运动游戏；文字记录（范例请参见附录E）；宣传资料，如小册子、传单和入园处的公告栏。

2. 为儿童在家里开展全身运动游戏提供支持

正如教师们对打闹游戏的看法各有不同，家长们也是如此。并非所有家长都认为这是不可接受的。一些母亲在采访中表示，这种游戏可以增强女孩的力量，她们喜欢这种游戏风格带给女孩的强烈刺激（*Rough and tumble play*, 2008）。一位有三个孩子的母亲支持这类打闹游戏，她表示：

> 我不知道为什么其他父母会认为打闹游戏是一种危险的游戏。幼儿应该有机会一起进行打闹游戏。这样的游戏是无害的，只要他们玩得开心，就会促进其智力和社交能力的发展。

虽然全身运动游戏通常指的是儿童之间的身体互动，但如果父母可以参与其中，儿童也会从中受益。值得关注的是，父母和幼儿进行打闹游戏可以促进幼儿社交技能的发展。例如，当父亲积极地、高兴地、专注地参与幼儿的全身运动游戏时，幼儿的社会交往和语言技能就会得到提高（Shannon et al., 2002）。虽然男孩和父母游戏时可能更加无所顾忌，但女孩也喜欢这样和父母一起玩（Paquette et al., 2003）。

父母和孩子一起玩打闹游戏还有其他很多好处。当父母设定了游戏规则，对儿童的游戏行为有所约束时，儿童在日常生活中出现攻击性行为的可能性就会降低（Flanders et al., 2009）。例如，一位父亲在和3岁的孩子玩摔跤游戏时，父亲偶尔会让孩子赢一赢，但不允许孩子在获胜后兴奋地反复打父亲。因为父母可以敏锐地觉察到孩子的需要，引导孩子正确认识到什么样的示范行为（摔跤）是可以接受的，什么样的行为（击打）是不可以接受的，所以儿童会以一种更加适宜的方式参与打闹游戏，而不致把它和真正的打架行为混淆起来。

* * *

研究结果充分表明，全身运动游戏有助于促进儿童身体、社会、情感和认知的发展。而作为幼儿教育的专业人士，我们有责任为儿童提供最适宜的发展条件，也有责任满足每个儿童的需求，让他们拥有最好的童年。"全身运动游戏可以发展儿童的合作、领导和模仿能力，全身运动游戏开展情况的好坏是衡量儿童福祉的标准之一（Burdette & Whitaker, 2005, p.48）。"这些能力——合作、领导和模仿等——将会使儿童终身受益。

关于全身运动游戏的常见问题

如果儿童在打闹游戏中意外受伤，我该怎么做呢？

儿童在尽情玩耍时，有可能会受到意外伤害——就像孩子们正常地玩积木、骑三轮车和在教室里走路时也可能会发生意外一样。应对打闹游戏中的意外伤害的策略和应对其他游戏中的意外伤害的策略是一样的：首先要确保游戏场地是安全的，然后需要立刻对受伤儿童进行急救。如果儿童受伤的情况比较严重，就要及时拨打急救电话。还需要注意，不管在什么情况下，儿童受伤都要立刻通知管理部门以及儿童的父母或监护人。

在开展全身运动游戏的过程中可能会发生意外伤害，这一点可能会引发教师对于是否应该开展这种游戏的担忧。当教师处理完意外伤害事件之后，应该立刻进行反思，看看该事件是否可以提前采取措施予以避免，例如，加强对游戏过程的监管，或者更好地帮助儿童理解和回应游戏中的语言和非语言线索等。应努力使家长和管理人员相信：儿童完全可以安全地开展打闹游戏，在游戏过程中教师也会给予充分的监督。

是否可以允许儿童从滑梯的底部往上爬，或者趴着从滑梯上滑下来？孩子们都喜欢这么玩，但是我的理智却告诉我这种行为是危险的，不应该让他们这么玩。

只要不是多个孩子同时往上爬或往下滑，那么从滑梯底部往上爬并不会更加危险。有教师在滑梯旁标记了箭头，用来指示玩滑梯的方向，这样孩子们就知道今天玩滑梯的游戏规则了。教师通过这种方式清楚地告诉孩子们游戏的规则，这样既保障了孩子们的安全，也使得游戏可以顺利进行。但要切记，如果滑梯周围没有安全设施，就不能让孩子们在滑梯上玩耍。

幼儿园打闹游戏
——促进儿童在全身运动中学习与发展

然而，如果是孩子头朝下，趴在滑梯上往下滑，这种行为就非常危险了。这样孩子们的头或手极易撞到地面，头部或手受伤的可能性就超过了这项活动带来的任何潜在的好处。因此，教师应明确禁止孩子们的这种玩法。

如果孩子们玩得很开心，但却是在戳他人的生殖器。我是应该阻止他们，还是应该让他们接着玩呢？

指导儿童游戏常用的方法同样适用于打闹游戏。儿童是通过游戏来进行学习的，教师的工作就是尽可能地以一种积极的方式帮助他们维持游戏的进行。如果你意识到孩子们的行为存在危险，例如戳眼睛或戳生殖器等危险行为，那么你就要阻止这种行为的发生，并且让孩子意识到潜在的危险。你可以说："击打或触碰他人隐私部位的行为会严重伤害到别人，所以我不允许你这么做。允许大家玩摔跤的游戏，但要牢记摔跤的规则：不要把手放在对方腰部以下或肩膀以上的位置。"教师还要经常监督孩子们的游戏行为，以确保他们都能遵守游戏规则。如果他们不很好地遵守游戏规则，那就让他们玩一会儿别的游戏，之后再给他们提供合适的游戏机会。

让孩子们在我的视线范围内打闹，我实在不能接受，因为这看起来太危险了。如果我不让他们玩，真的会阻碍他们的发展吗？

不让儿童参加某种特定类型的游戏并不会对其造成永久性的发育障碍。然而，因为全身运动游戏非常有益于儿童的发展，所以教师应该为其提供开展此类游戏的机会。也许你会觉得摔跤游戏的风险太大，无法接受，那么可以先从你能够接受的全身运动游戏类型做起，比如鼓励和支持儿童从小山坡上滚下来，或者往沙坑里跳等。和孩子们一样，教师走出自己的舒适区，提升自己的指导技能也是需要时间的。我们可以先迈出第一步，如和同事一起讨论怎样采取最优的方式让儿童开展全身运动游戏，这就是一个好的开始。

我知道打闹游戏对大多数孩子来说都是正常的，对孩子的发展也是大有助益的。但是我班上有个男孩，经常玩着玩着就要和别人打架。那么为了保护他和其他孩子的安全，是不是应该禁止他玩打闹游戏呢？

作为教师，你必须保护班上所有的孩子。然而，如果简单地禁止这个爱打架的孩子参与到这种游戏中，就剥夺了他发展自身缺失技能的机会。尽管在孩子们玩打闹游戏时，教师都要经常进行监督，但是当有社交障碍或其他障碍的儿童参与游戏时，教师就应该特别关注游戏的进展情况。当你第一次观察到孩子失控时，就要进行干预，但这并不意味着永久禁止这类游戏的开展，而是指停一段时间，先帮助儿童掌握一些游戏技能，以便帮助儿童维持游戏的进行。本书第三章中讨论了一些可行的方式，比如教师给予指导，帮助儿童理解别人的社交线索，给予孩子行为示范，等等。

小辉和小强在一起玩的时候,我真的很紧张。他俩都是两岁半,但是小辉比小强高得多,也重得多。他们研究出了一个双方都非常喜欢的游戏:他们互相拥抱,试图抱起对方,然后将对方扑倒,在对方身上打滚。这种玩法对他们来说是不是过于危险了?

在这个游戏中,将对方抱起的行为确实很吓人,然而,拥抱、挤压、摔倒和打滚这几个游戏动作却并不可怕。教师可以为他们制定一些游戏规则,提高游戏的安全性。可以告诉孩子们只有跪着的时候才能这样玩,而且可以玩得很开心,站着或把对方抱起来的时候就不能这样玩了。在确保家具远离游戏区域的情况下,也可以放置一些柔软的垫子,便于在孩子们开展游戏时保证其安全。

我明白跳跃是全身运动游戏的一部分,这一动作也有利于孩子们的发展。但是,所有的跳跃动作儿童都可以做吗?我可以让孩子们从攀爬架上、屋顶上、秋千上往下跳吗?

跳跃这一动作对孩子们的发展是非常有益的。但是,在孩子们做跳跃这一动作时,教师要记住两件事:①孩子们不应该从超过他们身高的高度上往下跳(例如,如果一个孩子高0.9米,那就不应该让他从超过0.9米的高度上往下跳);②孩子们应该掌握正确的落地姿势:膝盖微屈,双脚同时落地。只要地面上有足够的缓冲物,而且孩子们能够以正确的方式落地,就能减缓跳跃带给孩子的冲击。

然而,受其他多种原因的影响,从秋千上往下跳的行为是非常危险的,应该予以避免。当一个孩子从秋千上跳下来时,由于受到秋千运动惯性的影响,她的身体先会向外,然后向下,这样在落地时会对孩子的身体造成很大的影响,对其安全构成较大的威胁。同时,从移动的物体上往下跳,也很难保持正确的落地姿势,这会增加儿童关节受伤的风险。我们的原则是:

关于全身运动游戏的常见问题

鼓励儿童从具有适宜高度的固定设备跳到减震表面上,但要禁止儿童从秋千上往下跳。

我是小学教师,我怎么才能证明全身运动游戏有助于孩子的学业发展呢?

想一想孩子们可能会参与哪种类型的全身运动游戏(例如摔跤)。乍一看,摔跤似乎并不会有利于孩子的学业发展。但是,我们可以看看佐治亚州对小学一年级学生规定的学业标准。具体的标准如下所示:

- 掌握倾听和口语技巧(例如,遵循三个部分的指导);
- 掌握写作所需要遵循的基本原则;
- 能测量物体的属性;
- 理解时间的度量;
- 掌握各种活动所需的运动技能和运动模式。

一场摔跤比赛就可以帮助一年级学生达到这些标准。例如，你可以让学生参与摔跤场地的规划，用尺子或卷尺来确定场地的大小。让学生制定游戏规则并将其写在海报上。指定一名计时员，提醒参赛者比赛的时间进程。

我们幼儿园的领导说，如果我们允许孩子们玩这种全身运动游戏，那么我们就会失去全美幼教协会（NAEYC）的认证资格。NAEYC 到底支不支持这种游戏呢？

在过去的25年里，NAEYC创立了一个全国性的托幼机构自主认证体系，为幼儿教育制定专业标准，并帮助家庭识别高质量的托幼机构。NAEYC项目认证鼓励教师支持孩子们积极交朋友、锻炼身体、调节自我情感、解决冲突，发展语言技能，塑造强壮、健康的体魄。只要在安全和适当的监督下，全身运动游戏完全可以为儿童的发展提供这些好处。

如果孩子不想玩或不喜欢玩全身运动游戏，我又该如何帮助他们呢？

如果孩子不喜欢某一游戏，教师可以为其不断地提供尝试的机会。一个孩子虽然可能今天不喜欢在地上打滚，但是几周后他也许就会喜欢上这个运动。也有可能孩子不是不喜欢全身运动游戏，只是不喜欢与其他孩子进行肢体接触。应确保孩子们有各种各样的开展全身运动游戏的机会——既可以玩在沙坑里跳远这样的单独游戏，也可以玩麻袋赛跑这样的合作游戏——这时儿童个人的需要和喜好就能得到满足。

如果孩子看起来对某种类型的游戏很感兴趣，但又犹豫着是否要参与其中，那么教师就要帮助孩子找到一种"安全"的参与方式。比如，可以让这个孩子为摔跤比赛计时，这使得孩子能够以一种不具威胁性的方式参与到游戏中，可以先观察并熟悉游戏。时间久了，孩子可能就会敢于直接加入到游戏当中。简而言之，不要强迫孩子玩全身运动游戏，而是要提供给儿童参与的机会。同时，要给予儿童鼓励，并示范游戏的玩法。

我班里有几个特殊儿童。我应该鼓励他们玩全身运动游戏吗？我怎样才能确保在不伤害其他孩子的情况下帮助他们进行全身运动游戏？

身体残疾或发育迟缓的孩子和正常孩子一样，都有游戏的需要和渴望。教师可以与特殊儿童的监护人展开密切的合作，确保环境的创设和活动的选择适合儿童的个人需要，同时，也要允许他们充分参与到游戏中来。以下是几个支持特殊儿童开展全身运动游戏的例子。

晨晨11个月大了，他的腿上有支架。为了帮助他在教室里开展全身运动游戏，他的老师准备了很大的空间来让其爬行，同时还在旁边放了大球和软的攀爬架，以便他可以爬到球上，或者在球周围玩耍。当他爬到另一个孩子身上时或者当另一个孩子爬到他身上时，老师会帮助孩子从对方身上下来，并表达对方的不适感（"晨晨你看，当你爬到毛毛身上时，她就哭了。现在我要帮你从她身上爬下来"）。

苏苏是一个3岁的患有自闭症的孩子。虽然他试着用语言来和别人交流，但并不成功。当他和其他孩子玩全身运动游戏时，老师会给予他密切的关注。同时，老师还为他示范了怎样使用非语言的沟通方式来进行表达，比如如何用手来表达"过来"和"停止"的意思。

在开展全身运动游戏时，教师要对所有孩子进行密切的监管、指导和示范。及时捕捉儿童在游戏时身体素质和语言表达上的差异性，有助于我们提供积极有效的监督，同时意识到语言和非语言示范的重要性。

附　　录

附录部分提供了创设全身运动游戏环境的相关资料，以更好地支持早期儿童的发展。

附录 A 包含了几个传统的手指游戏，可以将其改编为全身运动游戏，以便鼓励儿童相互之间尽兴地开展游戏。

附录 B 是有关儿童全身运动游戏的制度范例，可以运用在家庭和教师手册当中。这些制度分别介绍了0—3岁儿童和3—6岁儿童开展全身运动游戏所要具备的条件。需要说明的是，该制度仅可作为一个参考，还需结合托幼机构和儿童的实际状况，并且符合国家的法律法规。

附录 C 是关于开展全身运动游戏的教师培训指南。

附录 D 是给家长的一封信，信的内容涉及开展儿童的全身运动游戏。

附录 E 是一个观察记录的范例，用来帮助父母和他人了解孩子在全身运动游戏中的收获。

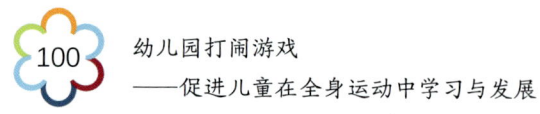

附录A 可以改编为全身运动游戏的传统手指游戏

经典的儿童发展课程中就包含着儿童的手指游戏——让儿童跟着节奏和歌词,活动手指和手掌,这样一来可以发展儿童的读写能力,促进儿童精细动作的发展。为了支持儿童的全身运动游戏,可以把传统的手指游戏转化为手臂、腿部以及全身性的活动,也可以鼓励儿童用肢体动作来自由地演绎熟悉的手指游戏。

需要注意的是,在室内开展这类游戏时,要确保游戏区域的地面是防滑的,并且周围没有其他障碍物。如果有条件的话,可以铺一些摔跤垫或其他垫子来提高游戏的安全性。同时,也要鼓励儿童尽兴地开展游戏。

五只小蜜蜂

有一只小蜜蜂,它一边吹气一边飞舞

(孩子张开双臂,像挥舞着翅膀一样,跑来跑去)

他遇见了一个朋友,于是就有了两只小蜜蜂

(第二个孩子加入游戏,也张开双臂,像挥舞着翅膀一样,跑来跑去)

两只小蜜蜂,忙得不可开交

(两个孩子像蜜蜂一样跑来跑去)

又来了一个朋友,于是就有了三只小蜜蜂

(三个孩子像蜜蜂一样跑来跑去)

三只小蜜蜂,想再找一个小伙伴

很快就又来了一个朋友,于是就有了四只小蜜蜂

(第四个孩子加入进来,这四个孩子就像蜜蜂一样跑来跑去)

四只小蜜蜂飞回了蜂巢

发现了它们的小弟弟/小妹妹，于是就有了五只小蜜蜂

（第五个孩子加入进来，这五个孩子就像蜜蜂一样跑来跑去）

五只小蜜蜂，每一小时出去工作一次

小蜜蜂嗡嗡地飞着去寻找鲜花

（所有孩子都像蜜蜂一样跑来跑去）

四只小海龟

一只刚出生的海龟宝宝

（孩子在地板上爬来爬去）

找到了一个朋友，于是就有了两只小海龟

（第一个孩子爬向另一个孩子）

两只海龟宝宝爬到了海里

（两个孩子在地板上爬来爬去）

它们又找到了一个朋友，于是就有了三只小海龟

（原先的两个孩子爬向另一个孩子，和他/她一起玩）

三只小海龟在岸边爬行

（三个孩子在地板上爬来爬去）

它们又找到了一个朋友，于是就有了四只小海龟

（原先的三个孩子爬向另一个孩子，和他/她一起玩）

四只小海龟去潜水

（每个孩子都在地板上用胳膊和腿做类似游泳的动作）

前面又游来了一只小海龟，于是就有了五只小海龟

（四个孩子在地板上"游"向另一个孩子，和他/她一起玩）

小蜘蛛

有只小蜘蛛爬上了水管

（孩子们在地板上爬）

雨水落进水管里，把小蜘蛛冲出来了

（孩子们再滚回最初的位置）

太阳出来了，雨水都晒干了

（孩子们躺在地上，手臂和腿来回摆动）

这只小蜘蛛又爬进了水管

（孩子们在地板上爬）

摇 篮 曲

摇呀摇，摇篮挂在树上

（孩子们轻轻晃动自己的身体）

风儿一吹，摇篮就晃

（孩子们猛烈晃动自己的身体）

树枝断了，摇篮掉了

（孩子们将腰向前弯曲）

宝宝和摇篮都掉了下来

（孩子们在地上打滚）

我 们 走 吧

我们，向上、向上、向上

（孩子们站起来，向上蹦）

我们，向下、向下、向下

（孩子们趴下来，贴近地面）

我们前进

（孩子们向前跑）

我们后退

（孩子们向后退）

我们一起转、转、转

（孩子们绕圈跑）

五个小南瓜

五个小南瓜坐在大门口

（孩子们蹲着）

第一个小南瓜说:"天啊！快到晚上了！"

（孩子们跳起来）

第二个小南瓜说:"空气中有一股寒意。"

（孩子们猛烈地抖动身体）

第三个小南瓜说:"我不在乎！"

（孩子们将手臂伸向身体两侧，前后摆动）

第四个小南瓜说:"我要玩得开心！"

（孩子们围成圈跳舞）

第五个小南瓜说:"让我们跑、跑、跑！"

（孩子们到处跑）

"呜呜"刮来一阵风，灯灭了

（孩子们缩到地上）

五个小南瓜滚得无影无踪了

（孩子们在地上打滚）

我是小小爆米花

我是锅里的一粒小小爆米花

（孩子们蜷在地上，紧紧地挤在一起）

不断加热的温度让我沸腾、爆裂

(孩子们一个个地轮流从地毯上蹦起来,到处乱跳)

当声音消失时,爆米花就做好了

(孩子们原地不动)

做爆米花真是太有趣了

(孩子们继续蹦蹦跳跳)

火 车

呜,呜,呜

(孩子们用手和脚在地板上爬)

火车沿着轨道运行

(孩子们一个跟着一个,相继往前爬)

呜,呜,呜

(孩子们朝不同方向爬)

火车又开回来了

(孩子们一个跟着一个,相继往前爬)

小 鱼

并排游来许多小鱼

(孩子们并排躺在地板上)

游过水流,翻过潮汐

(孩子们用手和脚做出剧烈的游泳动作)

它们不需要马达,也不需要帆布

(孩子们用胳膊和腿更加用力地游动)

它们只用摆动自己的鳍和尾巴

(孩子们使劲地扭动他们的整个身体)

画 眉 鸟

很多画眉鸟坐在山上

（孩子们蹲着，然后上下蹦跳）

一些叫小黑，

（一些孩子蹦了起来）

一些叫小花

（另一些孩子也蹦了起来）

小黑飞走了！

（一些孩子跑来跑去，挥舞着手臂，做出飞的动作）

小花飞走了！

（另一些孩子也跑来跑去，挥舞着手臂，做出飞的动作）

小黑飞回来了！

（一些孩子跑回了老师这里）

小花飞回来了！

（另一些孩子也跑回了老师这里）

（非常感谢早期教育1012课程班的学生帮助我开发这些传统的手指游戏，并尝试将他们改编成全身运动游戏。——作者注）

附录B　范例：全身运动游戏的制度

1. 适合0—3岁儿童的全身运动游戏

在_____项目中，我们始终相信充满活力的、吵闹的全身运动游戏对儿童的全面发展具有重要价值。这种充满活力的游戏让儿童有机会了解自己的身体，知道如何控制自己的身体，以及如何与其他孩子相处，如何对其他孩子表示关心。全身运动游戏也有助于促进婴幼儿的身体发育。儿童非常喜欢这种充满活力的游戏，因此往往也会玩很长时间。

为了支持全身运动游戏的开展，我们做了以下几点：

- 对所有的教师进行培训，使他们了解全身运动游戏对儿童发展的重要价值，以及监管儿童进行全身运动游戏的方法；
- 为这类游戏创设适宜的室内外环境；
- 给儿童提供充足的时间进行全身运动游戏；减少围栏和其他限制性设备的使用，给他们足够的空间进行自由活动，并积极探索周围的环境；
- 制定适当的室内外游戏规则，并指导儿童了解相关行为规范，提高儿童游戏的安全性；
- 鼓励教师和儿童一起开展全身运动游戏；
- 时时监管儿童全身运动游戏的进行，也就是说要有一个成人负责全程关注儿童的游戏过程；
- 为儿童树立游戏的榜样。

以下是我们为支持全身运动游戏所创设的室内外环境的特点：

- 每名儿童至少拥有5平方米的、开放的室内活动空间，并且在这一

空间内没有任何家具和设备,以便于儿童滚动、翻身和爬行,甚至大一点的儿童也能自由活动;
- 每名儿童至少拥有10平方米的、开放的室外活动空间,并且在这一空间内没有固定设备,以便于儿童爬行、奔跑、滚动、跳跃、转圈和追逐;
- 在儿童可能会攀爬的室内设备下方和周围铺设用于缓冲的垫子(如坐垫等);
- 在适合儿童活动的攀爬架、滑梯以及有一定高度的户外设备下方和周围铺设用于缓冲的垫子。

2. 适合3—6岁儿童的全身运动游戏

在_____项目中,我们始终相信充满活力的、吵闹的全身运动游戏对儿童的全面发展具有重要价值。这种充满活力的全身运动游戏让儿童有机会使用语言——既包括口语,也包括非口语——学习谈判、轮流、等待、妥协等社交技能,懂得表达与克制,以及参与制定并遵守规则。他们可以在游戏过程中了解因果关系,发展同理心。全身运动游戏也有助于促进婴幼儿的身体发育。儿童非常喜欢这种充满活力的游戏,因此往往也会玩很长时间。

为了支持全身运动游戏的开展,我们做了以下几点:
- 对所有的教师进行培训,使他们了解全身运动游戏对儿童发展的重要价值,以及监管儿童进行全身运动游戏的方法;
- 为这类游戏创设适宜的室内外环境;
- 制定适当的室内外游戏规则,并指导儿童了解相关行为规范,提高儿童游戏的安全性;
- 鼓励教师和儿童一起开展全身运动游戏;
- 时时监管儿童全身运动游戏的进行,也就是说要有一个成人负责全程关注儿童的游戏过程；
- 为儿童树立游戏的榜样。

以下是我们为支持全身运动游戏所创设的室内外环境的特点：
- 每名儿童至少拥有5平方米的、开放的室内活动空间，并且在这一空间内没有任何家具和设备，以便于儿童玩摔跤游戏（例如，两个孩子摔跤大约需要有10平方米的空间，并且在这一范围内没有任何家具）；
- 每名儿童至少拥有10平方米的、开放的室外活动空间，并且在这一空间内没有固定设备，以便于儿童奔跑、跳跃、滚动和追逐等（例如，6个孩子一起玩捉迷藏大约需要有60平方米的空间）；
- 在儿童可能会攀爬的室内设备下方和周围铺设用于缓冲的垫子（如坐垫等）；
- 在适合儿童活动的攀爬架、滑梯、平衡木以及有一定高度的户外设备下方和周围铺设用于缓冲的垫子。

附录 C 关于打闹游戏的教师培训指南

【培训目的】

深入理解打闹游戏,知道如何鼓励和支持这类游戏的开展。

【培训目标】

1. 学会区分儿童的攻击性行为与打闹游戏。
2. 了解适宜的打闹游戏对儿童发展的积极影响。
3. 掌握鼓励和监管打闹游戏的方法,以促进儿童的最佳发展。

【培训重点】

1. 人类并不是唯一喜欢打闹游戏的物种,所有年幼的动物都喜欢玩自己或其他动物的身体。

2. 打闹游戏几乎不会造成严重伤害。

3. 攻击性行为与打闹游戏之间主要存在以下三个差异。

(1) 在攻击性行为中,至少会有一个儿童皱眉或哭泣。而在打闹游戏中,孩子们都在开心地笑着。

(2) 在攻击性行为中,会有一个儿童很明显地在支配他人,强迫其他儿童做他们不喜欢做的事情。而在打闹游戏中,所有儿童都非常愿意参与。

(3) 在攻击性行为中,至少有一个儿童会想方设法逃离现场。而在打闹游戏中,所有儿童都愿意返回到游戏情境中,继续开展游戏。

4. 适当的打闹游戏有利于促进儿童社交、情感、认知和身体方面的发展。

5. 在开展打闹游戏的过程中,需要成人的监管和环境的支持。

【反思问题】

1. 小时候你是怎样与自己或他人进行打闹游戏的？

2. 回想一下你曾经见过的儿童进行打闹游戏的情景。

（1）他们的面部表情是怎样的？

（2）儿童是自愿参与游戏的吗？

（3）儿童跑开后，是回来接着玩，还是趁机逃走了呢？

【情境练习】

回想一下你曾经见过的儿童进行打闹游戏的情景。

（1）根据前面提到的区分攻击性行为和打闹游戏之间的标准，你认为你曾经看到的游戏情景属于上述哪种情况？

（2）如果你认为某个行为是打闹游戏，那么作为教师，你该如何进一步支持这种行为呢？

（3）如果你认为某个行为是攻击性行为，那么作为教师，你又该如何阻止这种行为，并使之回到打闹游戏的正轨呢？

附录D　范例：致家长的一封信

亲爱的家长：

您好！

您可能还记得小时候玩过的"抓人游戏（Tag）""山中之王（King of the Hill）"等非常激烈、吵闹的游戏。我们认为，现在的孩子们也需要这种游戏方式。我们有时将其称之为全身运动游戏。

我们认为，冒险有助于孩子们身体、情感、社会性和认知的发展，而全身运动游戏恰恰是我们鼓励孩子冒险的方式之一。虽然我们相信冒险是非常必要的，但是孩子们的安全和幸福仍然是我们最关心的问题。我们写这封信是想让您知道，为什么我们认为全身运动游戏对于孩子们的发展来说具有重要价值，以及我们是如何监管和支持这一游戏的。

如果您的孩子还是一个婴儿，我们的教师会带着宝宝玩全身运动游戏，比如"骑马"，也会让您的孩子在老师的膝盖或脚踝上颠跳。我们会给宝宝充足的时间，让他/她在地板上探索自己的身体，认识自己的身体是如何移动的。学会爬行的婴儿也可能会滚到或爬到其他婴儿身上，我们还会帮助您的宝宝了解自己的身体活动给其他孩子带来的影响。

如果您的孩子正处于学步儿阶段，全身运动游戏可以帮助他/她学习控制自己的动作。我们会用胳膊和脚（而不是手指）和孩子一起玩"小蜘蛛（Eensy Weensy Spider）"的游戏。我们会有大量的户外活动时间，孩子可以自由活动。您的孩子可能会跟着音乐挥舞手臂，也可能会抱着身边的小朋友摔跤、打滚。

如果您的孩子正处于学前阶段，那么您的孩子可能会和小朋友们一起追逐奔跑，或者玩各种各样类似于"抓人游戏"的游戏。他/她会摔跤、翻滚，可能会从山坡上往下滚或在平坦的地面打滚，可能跳过草地或人行道，也可能会从攀登架上跳到地面上独自玩耍。

因为全身运动游戏可以给孩子的发展带来很多好处，所以我们支持孩子进行这种类型的游戏。孩子们在尽情玩耍的同时，也在学习如何表达，如何轮流，如何做出让步，如何占据主导地位，如何克制自己配合他人，以及如何制定和遵守规则等。他们从中学习因果关系，以及如何理解其他孩子的感受。

教师们都接受过专门的监管孩子游戏的培训。在婴儿期和学步儿期，他们和孩子们一起玩游戏是为了向孩子示范什么才是合适的身体接触，并学着表达他们可能感受到的情绪。在学前阶段，教师帮助孩子们制定游戏规则，并密切观察游戏情况，尽量让每个孩子都能玩得开心。在教室和操场上也都会选用安全的材料，并添加保护装置（如地面缓冲物等），来提高游戏的安全性。

感谢您为了孩子而选择我们的课程。我们希望通过提供优质的保育与教育，继续赢得您的信任。

祝好！

附录E 观察记录范例

教师可以使用观察记录表向家长、同事、管理人员和其他人展示儿童的学习过程。下面呈现的观察记录表就记录了一段孩子们收获颇丰的特别体验。这种记录既是展现儿童学习过程的一种方式,也是开展全身运动游戏过程中不可或缺的一部分。

在写观察记录时,要注意以下几点。

①注意使用含有特写的照片。这样便于读者清晰地看到孩子们的动作。

②描述每张照片中的故事。要注意使用孩子们在游戏中说的话或者他们自己对游戏的表达来描述故事。

③参考当地的儿童学习与发展的具体标准。

④阐明儿童的游戏经验是如何与当地的儿童学习及发展要求相关联的。

例如,从下面的"通过摔跤来学习"的观察记录中,读者可以看到,摔跤让两个男孩练习了口头语言和非口头语言交流技能,并正确认识到自己和他人的感受。

教师拍摄了四张兰德里(Landry)和泰勒(Taylor)在操场上摔跤的照片,并分别描述了这四张照片中的故事。

照片1(略)。

说明文字:兰德里和泰勒在操场上玩。兰德里对泰勒说:"你想玩摔跤吗?"泰勒点了点头,说:"可以啊!"

照片2(略)。

说明文字:兰德里把胳膊放到了泰勒的后背上,然后把他推倒在地上。他俩都非常开心地笑着。

照片3（略）。

　　说明文字：兰德里和泰勒翻转了好几次，他们继续开心地笑着。

照片4（略）。

　　说明文字：当兰德里用手抱着把泰勒翻到地上时，泰勒不再笑了，他的脸上出现了痛苦的表情。这时，兰德里放开了泰勒，泰勒站了起来。老师问兰德里："你怎么知道要松开呢？"兰德里说："我从泰勒的表情看出来了。"

根据《闪亮的开始：佐治亚州早期照护与学习部门》关于学前班的规定，当一个儿童具备以下条件，就说明他/她已经做好上学前班的准备了。

……社会和人际交往能力正在发展	……能与他人进行有效的沟通	……能认识到自己和他人的感受
·能与他人合作完成任务或一起游戏； ·能与他人建立良好的人际关系； ·已掌握解决冲突的技能； ·能遵守规则。	·倾听能力获得发展； ·能对简单的指令做出正确反应； ·能表达自己的需要和愿望； ·能使用语言与他人互动。	·能正确识别并表达自己的感受； ·可以理解和接受他人的感受； ·自控能力正在发展。

兰德里和泰勒在游戏过程中……	他们有以下表现：
·表达了他们想玩摔跤的想法； ·在先后顺序上发生了分歧； ·用非语言形式传达出停止游戏的意愿。	·他们能够认识到自己和他人的感受； ·他们的人际交往能力开始显现； ·他们可以与他人进行有效的沟通。

参 考 文 献

A Place of Our Own. 2007. *Rough play area.*

Alhassan, S., J.R. Sirard & T.N. Robinson. 2007. The effects of increasing outdoor play time on physical activity in Latino preschool children. *International Journal of Pediatric Obesity*, 2 (3): 153–158.

AAP (American Academy of Pediatrics), APHA (American Public Health Association) & NRC (National Resource Center for Health and Safety in Child Care and Early Education). 2002. *Caring for our children: National health and safety performance standards: Guidelines for out-of-home child care programs.* 2d ed. Elk Grove Village, IL: American Academy of Pediatrics; Washington, DC: American Public Health Association.

Ballard, K., D. Caldwell, C. Dunn, A. Hardison, J. Newkirk, M. Sanderson, S. Thaxton Vodicka & C. Thomas. 2005. *Move more: NC's recommended standards for physical activity in school.* Raleigh, NC: North Carolina DHHS, NC Division Of Public Health.

Barros, R.M., E.J. Silver & R.E.K. Stein. 2009. School recess and group classroom behavior. *Pediatrics*, 123 (2): 431–436.

Benenson, J.F., H.P. Carder & S.J. Geib-Cole. 2008. The development of boys' preferential pleasure in physical aggression. *Aggressive Behavior*, 34 (2): 154–166.

Bjorklund, D.F., & R.D. Brown. 1998. Physical play and cognitive development: Integrating activity, cognition, and education. *Child Development*, 69 (3): 604–606.

Bjorklund, D., & A. Pellegrini. 2001. *The origins of human nature.* Washington, DC: American Psychological Association.

Boulton, M.J. 1993. A comparison of adults' and children's abilities to distinguish between aggressive and playful fighting in middle school pupils: Implications for playground supervision and behavior management. *Educational Studies*,19

(3): 193–204.

Boulton, M.J. 1996. A comparison of 8- and 11-year-old girls' and boys' participation in specific types of rough-and-tumble play and aggressive fighting: Implications for functional hypotheses. *Aggressive Behavior*, 22 (4): 271–287.

Boulton, M., & P.K. Smith. 1992. The social nature of play fighting and play chasing: Mechanisms and strategies underlying cooperation and compromise.In *The adapted mind: Evolutionary psychology and the generation of culture*, eds. J.H. Barkow, L. Cosmides & J. Tooby, 429–444. New York: Oxford University Press.

Bower, J.K., D.P. Hales, D.F. Tate, D.A. Rubin, S.E. Benjamin & D.S. Ward. 2008. The childcare environment and children's physical activity. *American Journal of Preventive Medicine*, 34 (1): 23–29.

Boyd, D., & H. Bee. 2006. *Lifespan development.* 4th ed. Boston: Pearson.

Bredekamp, S., ed. 1987. *Developmentally appropriate practice in early childhood programs serving children from birth through 8.* Expanded ed. Washington, DC: NAEYC.

Bredekamp, S., & C. Copple, eds. 1997. *Developmentally appropriate practice in early childhood programs.* Rev. ed. Washington, DC: NAEYC.

Brownell, C.A., S. Zerwas & G.B. Ramani. 2007. "So big": The development of body self-awareness in toddlers. *Child Development*, 78 (5): 1426–1440.

Burdette, H.L., & R.C. Whitaker. 2005. Resurrecting free play in young children: Looking beyond fitness and fatness to attention, affiliation, and affect. *Archives of Pediatrics & Adolescent Medicine*, 159 (1): 46–50.

Byers, J.A. 1998. The biology of human play. *Child Development*, 69 (3): 599–600.

Byrd-Williams, C., L.A. Kelly, J.N. Davis, D. Spruitz-Metz & M.I. Goran. 2007. Influence of gender, BMI, and Hispanic ethnicity on physical activity in children. *International Journal of Pediatric Obesity*, 2 (3): 159–166.

Cardon, G., E. Van Cauwenberghe, V. Labarque, L. Haerens & I. De Bourdeaudhuij. 2008. The contributions of preschool playground factors in explaining children's physical activity during recess. *International Journal of Behavioral Nutrition and Physical Activity*, 5 (11): 1186–1192.

Carlson, F.M. 2006. *Essential touch: Meeting the needs of young children.*

Washington, DC: NAEYC.

Carlson, F.M. 2009. Rough & tumble play 101. *Child Care Information Exchange*, 31 (4): 70–73.

Carson, J., V. Burks & R. Parke. 1993. Parent-child physical play: Determinants and consequences. In *Parent-child play*, ed. K. MacDonald, 197–220. Albany: State University of New York Press.

Case-Smith, J., & H.M. Kuhaneck. 2008. Play preferences of typically developing children and children with developmental delays between ages 3 and 7 years. *Occupational Therapy Journal of Research*, 28 (1): 19–29.

Cashmore, A.W., & S.C. Jones. 2008. Growing up active: A study into physical activity in long day care centers. *Journal of Research in Childhood Education*, 23 (2): 179–191.

Coe, D.P., J.M. Pivarnik, C.J. Womack, M.J. Reeves & R.M. Malina. 2006. Effect of physical education and activity levels on academic achievement in children. *Medicine & Science in Sports & Exercise*, 38 (8): 1515–1519.

Connor, J. M., & L.A. Serbin. 1977. Behaviorally based masculine- and feminine activity-preference scales for preschoolers: Correlates with other classroom behaviors and cognitive tests. *Child Development*, 48 (4): 1411–1416.

Copple, C., & S. Bredekamp, eds. 2009. *Developmentally appropriate practice in early childhood programs serving children from birth through 8*. 3d ed. Washington, DC: NAEYC.

CPSC (U.S. Consumer Product Safety Commission). *Public playground safety checklist*. CPSC Document #327.

Curtis, D. 2010. What's the risk of no risk? *Child Care Information Exchange*, 32(2): 52–56.

Curtis, D., & M. Carter. 2005. Rethinking early childhood environments to enhance learning. *Young Children*, 60 (3): 34–38.

Csikszentmihalyi, M. 1981. Some paradoxes in the definition of play. In *Play as context*, ed. A.T. Cheska, 14–26. West Point, NY: Leisure Press.

DeCorby, K., J. Halas, S. Dixon, L. Wintrup & H. Janzen. 2005. Classroom teachers and the challenges of delivering quality physical education. *Journal of Educational Research*, 98 (4): 208–220.

Diamond, A. 2000. Close interrelation of motor development and cognitive development and of the cerebellum and prefontal cortex. *Child Development*, 71 (1): 44–56.

DiPietro, J.A. 1981. Rough and tumble play: A function of gender. *Developmental Psychology*, 17 (1): 50–58.

Dowda, M., R. Pate, S.G. Trost, M.J. Almeida & J.R. Sirard. 2004. Influences of preschool policies and practices on children's physical activity. *Journal of Community Health*, 29 (3): 183–196.

Fabes, R.A. 1994. Physiological, emotional, and behavioral correlates of gender segregation. In *Childhood gender segregation: Causes and consequences*, ed. C. Leaper, 19–34. San Francisco: Jossey-Bass.

Farrington, D.P. 2005. Childhood origins of antisocial behavior. *Clinical Psychology and Psychotherapy*, 12 (3): 177–190.

Finn, K., N. Johannsen & B. Specker. 2002. Factors associated with physical activity in preschool children. *The Journal of Pediatrics*, 140 (1): 81–85.

Flanders, J.L., V. Leo, D. Paquette, R.O. Pihl & J.R. Seguin. 2009. Rough-and-tumble play and regulation of aggression: An observational study of father-child play dyads. *Aggressive Behavior*, 35 (4): 285–295.

Fromberg, D.P., & D.F. Gullo. 1992. Perspectives on children. In *Encyclopedia of early childhood education*, eds. L.R. Williams & D.P. Fromberg, 191–194. New York: Garland Publishing.

Fry, D. 1987. Differences between play fighting and serious fighting among Zapotec children. *Ethology and Sociobiology*, 8 (4): 285–306.

Fry, D. 1990. Play aggression among Zapotec children: Implications for the practice hypothesis. *Aggressive Behavior*, 16 (5): 321–340.

Fry, D. 2005. Rough-and-tumble social play in humans. In *The nature of play: Great apes and humans*, eds. A.D. Pellegrini & P.K. Smith, 54–85. New York: Guilford Press.

Gabbard, C.P. 2007. *Lifelong motor development*. 5th ed. Boston: Allyn & Bacon.

Gallahue, D.L. 1995. Transforming physical education curriculum. In *Reaching potentials, volume 2: Transforming early childhood curriculum and assessment*, eds. S. Bredekamp & T. Rosegrant, 125–144. Washington, DC: NAEYC.

Garvey, C. 1977. *Play*. Cambridge, MA: Harvard University Press.

Georgia Department of Early Care and Learning. n.d. *Georgia early learning standards: Infants*.

Georgia Department of Early Care and Learning. 2011. *Rules for child care learning centers*.

Greenman, J. 2007. *Caring spaces, learning places: Children's environments that work*. Redmond, WA: Exchange Press.

Greenman, J.A., A. Stonehouse & G. Schweikert. 2008. *Prime times: A handbook for excellence in infant and toddler programs*. St. Paul, MN: Redleaf Press.

Grissom, J.B. 2005. Physical fitness and academic achievement. *Journal of Exercise Physiology*, 8 (1): 11–25.

Groos, K. 1901. *The play of man*. London: William Heinemann.

Hartup, W.W. 1983. Peer relations. In *Handbook of child psychology, volume 4: Socialization, personality, and social development*, eds. E. M. Hetherington & P.H. Mussen, 103–196. New York: Wiley.

Hellendoorn, J., & J.H.F. Harinck. 1997. War toy play and aggression in Dutch kindergarten children. *Social Development*, 6 (3): 340–354.

Hessler, K.L. Physical activity behaviors of rural preschoolers. *Practice Applications of Research*, 35 (4): 246–253.

Hillman, C.H., D.M. Casteili & S.M. Buck. 2005. Aerobic fitness and neurocognitive function in healthy preadolescent children. *Medicine & Science in Sports & Exercise*, 37 (11): 1967–1974.

Hines, M., S. Golombok, J. Rust, K. Johnston & J. Golding. 2002. Testosterone during pregnancy and gender role behaviour of preschool children: A longitudinal population study. *Child Development*, 73 (6): 1678–1687.

Holland, P. 2003. *We don't play with guns here: War, weapon, and superhero play in the early years*. Maidenhead, England: Open University Press.

Honig, A.S. 2009. Early discoveries. *Scholastic Parent & Child*, 17 (2): 90.

Houck, G.M. 1999. The measurement of child characteristics from infancy to toddlerhood: Temperament, developmental competence, self-concept, and social competence. *Issues in Comprehensive Pediatric Nursing*, 22 (2/3): 101–127.

Houck, G.M., & A.M. Spegman. 1999. The development of self: Theoretical understanding and conceptual underpinnings. *Infants & Young Children*, 12 (1): 1–16.

Humphreys, A.P., & P.K. Smith. 1984. Rough-and-tumble play in preschool and playground. In *Play in animals and humans*, ed. P. K. Smith, 241–270. Oxford: Blackwell.

Humphreys, A.P., & P.K. Smith. 1987. Rough and tumble, friendships, and dominance in schoolchildren: Evidence for continuity and change with age. *Child Development*, 58 (1): 201–212.

Illinois Department of Children and Family Services. 2010. *Licensing standards for day care centers.*

Jarvis, P. 2007a. Dangerous activities within an invisible playground: A study of emergent male football play and teachers' perspectives of outdoor free play in the early years of primary school. *International Journal of Early Years Education*, 15 (3): 245–259.

Jarvis, P. 2007b. Monsters, magic and Mr. Psycho: A biocultural approach to rough and tumble play in the early years of primary school. *Early Years*, 27(2): 171–188.

Jordan, E. 1995. Fighting boys and fantasy play: The construction of masculinity in the early years of school. *Gender and Education*, 7 (1): 69–87.

Keyser, J. 2006. *From parents to partners: Building a family-centered early childhood program.* St. Paul, MN: Redleaf Press; Washington, DC: NAEYC.

KidsHealth. 2008. *Playground safety.*

Light, S.N., J.A. Coan, C. Zahn-Waxler, C. Frye, H.H. Goldsmith & R.J. Davidson. 2009. Empathy is associated with dynamic change in prefrontal brain electrical activity during positive emotion in children. *Child Development*, 80 (4):1210–1231.

Litmanovitz, I., T. Dolfin, O. Friedland, S. Arnon, R. Regev, R. Shainkin Kestenbaum, M. Lis & A. Eliakim. 2003. Early physical activity intervention prevents decrease of bone strength in very low birth weight infants. *Pediatrics*, 112 (1): 15–19.

Little, H. 2006. Children's risk-taking behavior: Implications for early childhood policy and practice. *International Journal of Early Years Education*, 14 (2):

141–154.

Lofdahl, A. 2005. Preschool teachers' conceptions of children's "chaotic play." In *Play: An interdisciplinary synthesis*, eds. F.F. McMahon, D.E. Lytle & B. Sutton-Smith, 195–204. Lanham, MD: University Press of America.

Logue, M.E., & H. Harvey. 2010. Preschool teachers' views of active play. *Journal of Research in Childhood Education*, 24 (1): 32–49.

Malloy, H.L., & P. McMurray-Schwarz. 2004. War play, aggression and peer culture: A review of the research examining the relationship between war play and aggression. In *Advances in early education and day care, volume 13: Social contexts of early education, and reconceptualizing play (II)*, eds. S. Reifel & M. Brown, 235–265. Bingley, UK: Emerald Group Publishing Limited.

McClelland, M.M., A.C. Acock & F.J. Morrison. 2006. The impact of kindergarten learning-related skills on academic trajectories at the end of elementary school. *Early Childhood Research Quarterly*, 21 (4): 471–490.

McCune, L. 1998. Immediate and ultimate functions of physical activity play. *Child Development*, 69 (3): 601–603.

McEvoy, M.A., T.L. Estrem, M.C. Rodriguez & M.L. Olson. 2003. Assessing relational and physical aggression among preschool children. *Topics in Early Childhood Special Education*, 23 (2): 53–63.

Mitchell, R., M. Cavanagh & D. Eagers. 2006. Not all risk is bad: Playgrounds as a learning environment. *International Journal of Injury Control and Safety Promotion*, 13 (2): 122–124.

Meany, M., J. Stewart & W.W. Beatty. 1985. Sex differences in social play. In *Advances in the study of behavior*, eds. J. Rosenblatt, C. Beer, M.C. Bushnel & P. Slater, 2–58. New York: Academic Press.

Morrongiello, B.A. 2005. Caregiver supervision and child-injury risk: I. Issues in defining and measuring supervision; II. Findings and direction for future research. *Journal of Pediatric Psychology*, 30 (7): 536–552.

NAEYC (National Association for the Education of Young Children). 2005. *Physical environment: A guide to the NAEYC Early Childhood Program Standard and related Accreditation Criteria*. Washington, DC: Author.

NASPE (National Association for Sport and Physical Education). 2004. *Physical* activity for children: A statement of guidelines for children ages 5–12. 2d ed. Reston, VA: Author.

NASPE (National Association for Sport and Physical Education). 2009a. *Active start: A statement of physical activity guidelines for children from birth to age 5.* 2d ed. Reston, VA: Author.

NASPE (National Association for Sport and Physical Education). 2009b. *Appropriate maximum class length for elementary physical education.* Position statement. Reston, VA: Author.

New York State Office of Children & Family Services. 2010. *Family day care provider handbook.*

O'Donnell, M., & S. Sharpe. 2004. The social construction of youthful masculinities: Peer group sub-cultures. In *RoutledgeFalmer reader in sociology of education*, ed. S. Ball, 89–127. London: RoutledgeFalmer.

Olsen, H., D. Thompson & S. Hudson. 2011. Outdoor learning: Supervision is more than watching children play. *Dimensions of Early Childhood*, 39 (1): 3–9.

Ostrov, J.M., & C.F. Keating. 2004. Gender differences in preschool aggression during free play and structured interactions: An observational study. *Social Development*, 13 (2): 255–277.

Paquette, D., R. Carbonneau, D. Dubeau, M. Bigras & R.E. Tremblay. 2003. Prevalence of father-child rough-and-tumble play and physical aggression in preschool children. *European Journal of Psychology of Education*, 18 (2): 171–189.

Paley, V.G. 1992. *You can't say you can't play.* Cambridge, MA: Harvard University Press.

Pellegrini, A.D. 1987. Rough-and-tumble play: Developmental and educational significance. *Educational Psychology*, 22 (11): 23–43.

Pellegrini, A.D. 1989. Categorising children's rough and tumble play. *Play and Culture*, 2 (1): 48–51.

Pellegrini, A.D. 1995. *School recess and playground behavior: Educational and developmental roles.* Albany, NY: State University of New York Press.

Pellegrini, A.D. 2002. Perceptions of playfighting and real fighting: Effects of sex and participant status. In *Conceptual, social-cognitive, and contextual issues in the field of play*, ed. J. Roopnarine, 223–233. Westport, CT: Albex Publishing.

Pellegrini, A.D. 2003. Perceptions and functions of play and real fighting in early adolescence. *Child Development*, 74 (5): 1522–1533.

Pellegrini, A.D., & P. Blatchford. 2000. *The child at school.* London: Arnold.

Pellegrini, A.D., & J.C. Perlmutter. 1988. The diagnostic and therapeutic roles of children's rough-and-tumble play. *Children's Health Care*, 16 (3): 162–168.

Pellegrini, A.D., & P.K. Smith. 1998a. Physical activity play: Consensus and debate. *Child Development*, 69 (3): 609–610.

Pellegrini, A.D., & P.K. Smith. 1998b. Physical activity play: The nature and function of a neglected aspect of play. *Child Development*, 69 (3): 577–598.

Pellis, S.M., E.F. Field, L.K. Smith & V.C. Pellis. 1996. Multiple differences in the play fighting of male and female rats. *Neuroscience and Biobehavioral Reviews*, 21 (1): 105–120.

Pellis, S.M., E.F. Field & I.Q. Whishaw. 1999. The development of a sex-differentiated defensive motor pattern in rats: A possible role for juvenile experience. *Developmental Psychobiology*, 35: 156–164.

Pellis, S.M., & V.C. Pellis. 2007. Rough-and-tumble play and the development of the social brain. *Association of Psychological Science*, 16 (2): 95–98.

Peterson, L., B. Ewigman & C. Kivlahan. 1993. Judgments regarding appropriate child supervision to prevent injury: The role of environmental risk and child age. *Child Development*, 64: 934–950.

Pica, R. 2006. *A running start: How play, physical activity and free time create a successful child.* New York: Marlowe & Company.

Porter, R. 1994. Roughhousing as a style of play. *Child Care Information Exchange*, 17 (3): 44–45.

Prellwitz, M., & L. Skar. 2007. Usability of playgrounds for children with different abilities. *Occupational Therapy International*, 14 (3): 144–155.

Reed, T.L. 2005. A qualitative approach to boys' rough and tumble play: There is more than meets the eye. In *Play: An interdisciplinary synthesis*, eds. F.F. McMahon, D.E. Lytle & B. Sutton-Smith, 53–71. Lanham, MD: University Press of America.

Reed, T., & M. Brown. 2000. The expression of care in the rough and tumble play of boys. *Journal of Research in Childhood Education*, 15 (1): 104–116.

Robertson, M.A. 1984. Changing motor patterns during childhood. In *Motor development during childhood and adolescence,* ed. J.R. Thomas, 48–90. Minneapolis, MN: Burgess.

Rosin, H. 2010. The end of men. *The Atlantic*, July/August 2010.

Rough and tumble play. October 28, 2008. Video, 10:00.

Sandberg, A., & I. Pramling-Samuelsson. 2005. An interview study of gender differences in preschool teachers' attitudes toward children's play. *Early Childhood Education Journal*, 32 (5): 297–305.

Sanders, S.W. 2002. *Active for life: Developmentally appropriate movement programs for young children.* Washington, DC: NAEYC.

Sanders, S.W. 2006. Physical education in kindergarten. In *K today: Teaching and learning in the kindergarten year,* ed. D.F. Gullo, 85–94. Washington, DC: NAEYC.

Scales, B., M. Almy, A. Nicolopulou & S. Ervin-Tripp. 1991. Defending play in the lives of children. In *Play and the social context of development in early care and education*, eds. B. Scales, M. Almy, A. Nicolopulou & S. Ervin-Tripp, 15–31. New York: Teachers College Press.

Schafer, M., & P.K. Smith. 1996. Teachers' perceptions of play fighting and real fighting in primary school. *Educational Research*, 38 (2): 173–181.

Scott, E., & J. Panksepp. 2003. Rough-and-tumble play in human children. *Aggressive Behavior*, 29 (6): 539–551.

Shannon, J.D., C.S. Tamis-LeMonda, K. London & N. Cabrera. 2002. Beyond rough and tumble: Low-income fathers' interactions and children's cognitive development at 24 months. *Parenting: Science and Practice*, 2 (2): 77–104.

Sheets-Johnstone, M. 2008. *The roots of morality.* University Park, PA: The Pennsylvania State University Press.

Shephard, R.J. 1996. Habitual physical activity and academic performance. *Nutrition Reviews*, 54 (4): 32–36.

Silverman, I., & M. Eals. 1992. Sex differences in spatial ability: Evolutionary theory and data. In *The adapted mind: Evolutionary psychology and the generation of culture*, eds. H. Barkow, L. Cosmides & J. Tooby, 533–549. New

York: Oxford University Press.

Singer, D.G., R. Michnik Golinkoff & K. Hirsh-Pasek, eds. 2006. *Play=learning: How play motivates and enhances children's cognitive and social-emotional growth.* New York: Oxford University Press.

Smith, P.K., R., Smees & A.D. Pellegrini. 2004. Play fighting and real fighting: Using video playback methodology with young children. *Aggressive Behavior*, 30: 164–173.

Smith, P.K., R. Smees, A.D. Pellegrini & E. Menesini. 2002. Comparing pupil and teacher perceptions for playful fighting, serious fighting, and positive peer interaction. In *Conceptual, social-cognitive, and contextual issues in the field of play*, ed. J. Roopnarine, 235–245. Westport, CT: Albex Publishing.

Sola, K., N. Brekke & M. Brekke. 2010. An activity-based intervention for obese and physically inactive children organized in primary care: Feasibility and impact on fitness and BMI. *Scandinavian Journal of Primary Health Care*, 28(4): 199–204.

Starfield, B. 1992. Child and adolescent health status measures. *The Future of Children*, 2 (2): 25–39. A publication of the Center for the Future of Children, The David and Lucile Packard Foundation.

Stephenson, A. 2003. Physical risk-taking: Dangerous or endangered? *Early Years*, 23 (1): 35–43.

Stevens, T.A., Y. To, S.J. Stevenson & M.R. Lochbaum. 2008. The importance of physical activity and physical education in the prediction of academic achievement. *Journal of Sports Behavior*, 31 (4): 368–388.

Stolzer, J.M. 2008. Boys and the American education system: A biocultural review of the literature. *Ethical Human Psychology and Psychiatry*, 10 (2): 80–95.

Strayer, F.F. 1980. Social ecology of the preschool peer group. In *The Minnesota Symposia on Child Development, volume 13. Development of cognition, affect, and social relationships*, ed. W.A. Collins, 165–196. Hillsdale, NJ: Erlbaum.

Tamis-LeMonda, C.S. 2004. Conceptualizing fathers' roles: Playmates and more. *Human Development*, 47 (4): 220–227.

Tannock, M. 2008. Rough and tumble play: An investigation of the perceptions of educators and young children. *Early Childhood Education Journal*, 35 (4):

357–361.

Taras, H. 2005. Physical activity and student performance at school. *Journal of School Health*, 75 (6): 214–218.

Texas Department of Family and Protective Services. 2010. *Minimum standard rules for licensed child-care centers*.

Thelen, E., & L.B. Smith. 1998. Dynamic systems theories. In *Handbook of child psychology, volume 1: Theoretical models of human development, 5th ed.*, ed. R.M. Lerner, 563–634. New York: John Wiley & Sons.

Thompson, R.A. 2001. Development in the first years of life. *The Future of Children*, 11 (1): 21–33.

Tomporowski, P.D., C.L. Davis, P.H. Miller & J.A. Naglieri. 2008. Exercise and children's intelligence, cognition, and academic achievement. *Educational Psychology Review*, 20 (2): 111–131.

Trawick-Smith, J. 2006. *Early childhood development: A multicultural perspective, 4th ed.* Upper Saddle River, NJ: Merrill.

Uchiyama, I., J.J. Campos, C.B. Frankel, D.L. Anderson, D. Witherington, L. Lejeune & M. Barbu-Roth. 2008. Locomotor experience affects self and emotion. *Developmental Psychology*, 44 (5): 1225–1231.

Vaughn, B.E., & E. Waters. 1981. Attention structure, sociometric status, and dominance: Interrelations, behavioral correlates, and relationships to social competence. *Developmental Psychology*, 17 (3): 275–288.

Vestal, A., & N.A. Jones. 2004. Peace building and conflict resolution in preschool children. *Journal of Research in Childhood Education*, 19 (2): 131–142.

Ward, D.S. 2010. Physical activity in young children: The role of child care. *Medicine & Science in Sports & Exercise*, 42 (3): 499–501.

"幼儿园区域活动材料丛书"
（全彩）

王微丽　霍力岩　主编

《幼儿园语言区材料设计与评价》　定价：60.00元
《幼儿园数学区材料设计与评价》　定价：60.00元
《幼儿园生活区材料设计与评价》　定价：60.00元
《幼儿园科学区材料设计与评价》　定价：60.00元
《幼儿园社会区材料设计与评价》　定价：60.00元
《幼儿园艺术区材料设计与评价》　定价：60.00元

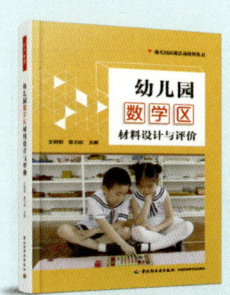

以丛书为代表性成果的研究荣获"广东省教育教学成果（基础教育类）一等奖"

"幼儿园区域活动材料丛书"与《幼儿园区域活动——环境创设与活动设计方法》（第二版）相得益彰，全面地展示了幼儿园区域环境创设、材料设计与投放、活动开展与评价的方法……

《以游戏为中心的幼儿园课程》

[美] Judith Van Hoorn 等 著
史明洁 等 译
定价：82.00元

美国幼儿游戏研究领域的先驱者，手把手教你如何把游戏故事、游戏理论和幼儿园五大领域课程完美地结合起来。

《幼儿园自主游戏观察与记录——从游戏故事中发现儿童》（全彩）

董旭花 等 著
定价：58.00元

我国著名幼教专家董旭花老师在这本书中告诉我们——"儿童是有能力、有自信的学习者和沟通者"。

《幼儿园户外环境创设与活动指导》（全彩）

董旭花 等 著
定价：72.00元

国内第一本从理论到实践，系统阐述幼儿园户外环境创设的图书。

《幼儿教育课程》（第四版）

[美] K. E. Catron 等 著 李敏谊 等 译
定价：82.00元

我们不应该把课程看作一个包装好的产品，而应该把它看作一个动态的和发展的过程。

专业图书，陪伴您的专业成长。扫一扫下方二维码，更多优质图书等着您！

万千教育微信公众号

官方微店